U0796840

美国对TPP的认知及政策选择

胡美翅 ◎ 著

时 事 出 版 社
北京

图书在版编目（CIP）数据

美国对 TPP 的认知及政策选择 / 胡美翅著 . —北京：时事出版社，2021. 12

ISBN 978-7-5195-0452-6

Ⅰ. ①美… Ⅱ. ①胡… Ⅲ. ①对外贸易政策—研究—美国②自由贸易—国际贸易—贸易协定—研究 Ⅳ. ①F757. 120②F744

中国版本图书馆 CIP 数据核字（2021）第 225980 号

出版发行：时事出版社
地　　址：北京市海淀区彰化路 138 号西荣阁 B 座 G2 层
邮　　编：100097
发行热线：（010）88869831　88869832
传　　真：（010）88869875
电子邮箱：shishichubanshe@ sina. com
网　　址：www. shishishe. com
印　　刷：北京良义印刷科技有限公司

开本：787 × 1092　1/16　印张：12. 75　字数：230 千字
2021 年 12 月第 1 版　2021 年 12 月第 1 次印刷
定价：98. 00 元
（如有印装质量问题，请与本社发行部联系调换）

CONTENTS

目　录

INTRODUCTION

导　论

一、问题的提出与研究意义

经济实力是构成一个国家综合国力的基础性要素，是综合国力中最重要的变量之一。当前全球经济治理结构正处于新一轮调整变革期，世界贸易组织（World Trade Organization，简称 WTO）自多哈回合后谈判停滞不前，以区域经济合作为基础创建的多边贸易投资规则呈现出超越现有 WTO 规则的新趋势。在亚太地区，区域贸易协定是新兴经济体和发展中国家融入全球化与全球价值链的最重要动力。2008 年金融危机爆发后，亚太地区成为带动世界经济增长的主要引擎。新兴经济体群体性崛起对西方发达国家为主导的全球经济治理结构提出挑战。美国是当今世界的唯一超级大国，运用经济手段成为其调整对外战略和维护国际经济秩序的重要途径。

“跨太平洋伙伴关系协定”（Trans - Pacific Partnership Agreement，简称 TPP）最初由新加坡、新西兰、智利和文莱 4 个亚太地区国家发起建立。2009 年奥巴马就任总统伊始，宣布美国正式加入 TPP 谈判，欲以此为蓝本构建一个具有“高质量和约束力”的亚太经济机制。随着美国加入并主导谈判，TPP 进入迅速发展壮大期，先后吸引了秘鲁、澳大利亚、马来西亚、越南、加拿大、墨西哥和日本 7 个国家参与谈判。TPP 追求“广覆盖”“宽领域”“高标准”等代表西方自由贸易理念和经济利益诉求的贸易投资新规则，该协定内容不仅包括商品贸易、服务贸易等传统 FTA 条款，而且包括知识产权、劳工、环境、国有企业、政府采购等传统 FTA 尚未涉及或较少涉及的条款。对美国而言，参与并主导 TPP 具有重要的战略价值和经济价值。在经济层面，TPP 是美国全面介入亚太地区经济整合、维护全球领导地位的保护伞。在战略层面，TPP 是美国顺利实施“亚太再平衡”战略，制定全球经贸规则巩固霸主地位的支撑点。在美国的大力推进下，TPP 的影响力呈阶梯状上升，将成为亚太地区覆盖领域最广、自由化程度最高的自由贸易协定，部分规则甚至可能逐步上升为国际通行规则。美国力推 TPP 给中国在亚太地区的经济发展带来压力和挑战，也成为中国积极参与全球经济治理和实施国内深化改革的外部动力。

TPP 是美国“亚太再平衡”战略的经济支点，从奥巴马政府积极加入并主导，到特朗普宣布正式退出，美国的对外经济政策发生了根本性变化。笔者认为，美国对 TPP 政策的制定和实施都是由人进行的，决策层的认知至关重要。决策层在其既有的政治理念基础上，如何根据决策时自身所处的国内和国际环境变化，通过对关键因素的认识和判断，最终做出政策选择，是本书研究的主体。美国对 TPP 的认知决定了 TPP 是否作为亚太经济战略手段继续存在。从奥巴马到特朗普，两届政府对 TPP 的认知既有共性，也有个性，研究认知的逻辑可以从微观上认清美国对 TPP 认知变化的本质，并在此基础上制定相应的对美政策。但现在研究较少从美国的视角出发对美国 TPP 政策变化的原因和影响分析，从认知视角分析美国对 TPP 政策变化的研究重视不够。迄今为止，国内对美国对 TPP 认知的发展演变过程缺乏系统的研究，更较少对这一过程背后的逻辑进行深入思考。广义上来说，“认知”属于非物质层面的观念范畴概念。观念是对外政策分析框架中的一个独立变量。① 美国国内政治观念、意识形态和文化传统都深深扎根于美国精英的精神世界中。观念并不能直接决定国家的政策与行为，但观念能影响对国际环境的认

① 王辉：《冷战后美国对“中国崛起”的认知与对华战略》，社会科学文献出版社 2017 年版，第 2 页。

知，调整对外政策方向。从狭义来说，TPP 在美国由盛而衰，认知的过程基于客观事实而又难以超越非理性的范畴，因此分析影响美国对 TPP 认知变化的因素就显得极为重要。那么，美国对 TPP 的认知是如何形成的？认知变化受哪些因素影响？认知变化的逻辑是什么？本书将围绕从奥巴马政府到特朗普政府美国对 TPP 的认知及政策选择展开，试图回答的核心问题是：影响美国对 TPP 认知的主要因素是什么；这些认知形成与变化的基本逻辑是什么；认知变化将使政策做出怎样的调整；中国应如何应对。

国际经济关系的动态研究不仅是国内外学者重点关注的领域，也是处理好国际政治关系的基础和前提。美国 TPP 政策从奥巴马政府到特朗普政府经历了颠覆性的变化，对认知因素的研究是掌握美国对 TPP 政策变化的关键，具有重要的现实意义。首先，通过对 TPP 的案例分析，可以认识当前中美关系的变化，特别是美国将中国定位为主要竞争对手。其次，通过对 TPP 分析，有利于我们认清当前全球化进程中出现的新特点，即逆全球化现象和贸易保护主义抬头。最后，有利于中国把握中美关系与世界经济发展趋势，根据形势变化妥善制定应对措施，维护中国国家利益。

二、研究现状与文献回顾

综合来看，国内外关于 TPP 的主要研究集中在以下几个方面：

（一）美国加入 TPP 的动因研究

关于美国加入 TPP 谈判的动因，国内外学者所持观点较为一致。在 WTO 多哈回合谈判停滞不前的背景下，TPP 成为美国“亚太再平衡”战略布局的重要手段，旨在亚太地区建立新一代高质量、高标准和约束力的自由贸易协定，重塑全球贸易规则，拉动成员国经济增长，在一定程度上遏制中国的迅速崛起。陆建人认为，美国加入 TPP 有四个原因：一是塑造跨太平洋自由贸易区“新样板”；二是将 TPP 树立为美国区域贸易协定的新模式；三是抗衡东亚经济一体化进程；四是将 TPP 作为通往 FTAAP 的桥梁。[①] 李向阳认为，美国加入并力推 TPP 的主要动机可归纳为：第一，分享亚洲高速增长的收益；第二，为奥巴马政府出口翻番战略创造条件；第三，重构资源版图与信用体系；第四，防止把美国排除在东亚区域经济合作进程之外。[②] 曲凤杰认为，美国加入 TPP 的战略意图主要为：第一，直接参与并主导亚太地区贸易合作机制；第二，积极配合美国重返亚太的战略；第三，制衡中国在东亚地区逐步增强的影响力。[③] 万璐认为，美国积极推进 TPP 动因有三点：一是实现 FTAAP 战略的重要途径；二是经济复兴的动力；三是分享亚洲市场快速发展所带来的利益与机会。[④] 卢秀清将美国加入 TPP 的动因归纳为：一是欲借亚太繁荣的经济挽救美国经济；二是欲对国际贸易格局重新洗牌，维护美国霸权；三是拆散 APEC，削弱中国影响力；四是实现市场扩张，分享东亚经济繁荣成果；五是遏制中国经济崛起。[⑤] 美国布鲁金斯学会研究员乔舒亚·梅尔泽（Joshua P. Meltzer）认为，TPP 为亚太地区建立贸易和投资规则，深化美国与亚洲的经济一体化。[⑥] 美国彼得森国际经济研究所研究员杰弗瑞·肖特（Jeffrey J. Schott）认为，TPP 将保障美国的战略和安全地位，在经济上与中国争夺话语权，增强成员国在政治和

---

① 陆建人：“美国加入 TPP 的动因分析”，《国际贸易问题》2011 年第 1 期，第 47—49 页。

② 李向阳：“跨太平洋伙伴关系协定：中国崛起过程中的重大挑战”，《国际经济评论》2012 年第 2 期，第 18、19 页。

③ 曲凤杰、朱梦曳、牛桐：“美国加入 TPP 的动因、挑战和影响：从美国视角分析”，《国际贸易》2012 年第 9 期，第 31，32 页。

④ 万璐、程宝栋、李俊：《美国 TPP 战略的经济效应及我国亚太地区 FTA 策略研究》，人民日报出版社 2017 年版，第 20—22 页。

⑤ 卢秀清：“美国加入 TPP 的动因分析及中国的策略选择”，《理论月刊》2013 年第 11 期，第 137 页。

⑥ Joshua P. Meltzer, “The Significance of the Trans - Pacific Partnership for the United States”, https://www.brookings.edu/testimonies/the-significance-of-the-trans-pacific-partnership-for-the-united-states/.（上网时间：2017 年 12 月 20 日）

军事上的共识，推行美国价值观。① 美国彼得森国际经济研究所研究员加利·克莱德·霍夫鲍尔（Gary Clyde Hufbauer）认为，TPP 体现了奥巴马“亚太再平衡”战略，TPP 会成为其第二任期内政治遗产的核心。② 美国外交政策研究所研究员威廉·克里斯特（William Krist）认为，TPP 对美国的商业政策和外交政策十分重要，有助于塑造未来国际贸易治理规则。③ 美国里彭社会研究员菲尔·英格里希（Phil English）认为，TPP 是美国外交政策从根本上实现“亚太再平衡”的重要元素，有利于美国经济重要领域获益。④ 根据上述研究成果可以看出，美国加入 TPP 是为了维持在亚太地区的领导地位，助力“亚太再平衡”战略的实施，遏制中国的迅速崛起，推广美式价值观。

（二）TPP 的亚太地区经济效应研究

国内外学者对 TPP 与亚太区域经济一体化的相互作用持不同观点。一部分学者认为，TPP 与 APEC 的功能有交织重叠的部分，在执行过程中难以发挥所有功能，将抑制亚太区域经济一体化的发展。刘晨阳认为 TPP 的发展壮大将给 APEC 带来新的挑战：首先，TPP 将削弱 APEC 在亚太区域经济合作进程中的引领地位。其次，TPP 将在 APEC 成员中引

---

① Jeffrey J. Schott, C. Fred Bergsten," Submission to the USTR in Support of a Trans - Pacific Partnership Agreement", Paper submitted to the United States Trade Representative on the Trans - Pacific Partnership Agreement, https://piie.com/commentary/speeches - papers/submission - ustr - support - trans - pacific - partnership - agreement.（上网时间：2017 年 12 月 20 日）

② Gary Clyde Hufbauer, Gathleen Cimino - Isaacs, "What You Need to Know About the Trans - Pacific Partnership", Op - ed published by the PBS NewsHour, https://piie.com/commentary/op - eds/what - you - need - know - about - trans - pacific - partnership.（上网时间：2017 年 12 月 21 日）

③ William Krist, "Why We Need the Trans - Pacific Partnership and How to Get It Right", https://www.fpri.org/article/2015/05/why - we - need - the - trans - pacific - partnership - and - how - to - get - it - right/.（上网时间：2017 年 12 月 22 日）

④ Phil English, "TPP: An Opportunity for American Leadership in the Asia - Pacific Economy", *Ripon Form*, 2012.

发强大竞争性自由化效应。① 杨励和张钰莹认为，美国主导下的TPP必然冲击现有的东亚一体化体系和发展模式。② 李景和昝春燕认为，随着TPP的扩大和发展，会使亚太地区的贸易规模和规则重新建立起来，并且促使贸易向背离中国的方向发展，这对于RCEP和APEC都有很大的警示作用，完全具有期待的功能和趋势。③ 另一种观点是，TPP为区域经济合作提出更高标准，将激励亚太区域合作机制向前发展。邹明榕认为，FTAAP还需要很长时间才能实现，但是TPP的出现为区域合作增添了新的因素，激励了亚太区域合作继续向前迈步。④ 陆建人认为，TPP加速了亚太经济一体化进程，并提高了其起点，影响是正面的。⑤ 戴仁荣认为，TPP规则很有可能会成为未来亚太地区国家区域合作的新模板，中国应积极主动采取相应对策。换个角度而言，这未尝不是中国调整"走出去"战略和促进国内改革的一次契机。⑥ 关秀丽认为，TPP对东亚区域一体化进程产生了阻碍和促进的双重影响。TPP的强大压力刺激了中国和东盟推进东亚一体化的决心。⑦ 美国布鲁金斯学会研究员乔舒亚·梅尔泽认为，加入TPP后，成员国每年的收入增长估计超过1100亿美元。但TPP可能会给亚洲部分地区带来负面影响，尤其是中

---

① 刘晨阳："'跨太平洋战略经济伙伴协定'发展及其影响的政治经济分析"，《亚太经济》2010年第5期，第13页。

② 杨励、张钰莹："跨太平洋伙伴关系协定（TPP）的发展对中国的影响及其对策分析"，《经济研究导刊》2015年第2期，第128页。

③ 李景、昝春燕："TPP变数"，凤凰财经，http：//finance. ifeng. com/roll/20101029/2793074. shtml。(上网时间：2017年12月30日)

④ 邹明榕："TPP激励亚太区域合作机制向前发展"，转引自唐国强编著：《跨太平洋伙伴关系协定与亚太区域经济一体化研究》，世界知识出版社2013年版。

⑤ 陆建人："TPP对中国亚太区域合作战略的影响及中国的对策"，转引自唐国强编著：《跨太平洋伙伴关系协定与亚太区域经济一体化研究》，世界知识出版社2013年版，第150页。

⑥ 戴仁荣："跨太平洋伙伴关系协定与中国'走出去'战略"，《中国流通经济》2014年第4期，第99页。

⑦ 关秀丽："TPP对亚太区域一体化的影响及中国战略策略应对"，转引自吴涧生、曲凤杰等著：《跨太平洋伙伴关系协定趋势影响及战略对策研究》，中国计划出版社2014年版，第172页。

国，因为TPP的实施成功，其每年的收入预计将减少约350亿美元。[①]澳大利亚国际事务研究所研究员艾伦·奥克斯利（Alan Oxley）认为，从简单的层面来看，TPP是占世界贸易量40%的亚太经济体之间制定自由贸易协定的保护伞。从更高的层面来看，TPP正在为占世界贸易量60%的所有APEC成员方在未来制定自由贸易协定奠定基石。[②]

（三）TPP的发展困境研究

国内外对美国退出TPP的原因分析主要集中在TPP对美国经济的负面因素及特朗普的理论逻辑等方面。国内外学者普遍认为，美国退出TPP将严重影响TPP的发展和预期目标的达成。关于美国退出TPP的原因，张田园认为，TPP过于强调国际政治动机，对美国自身经济利益关注不够，不利于美国“再工业化”战略倡导的制造业回归，也不利于提高就业率。[③]蒋镇远、宾建成认为，TPP与特朗普经济理论逻辑冲突，美国不同种族、社会阶级在利益分配上存在的尖锐矛盾是根本原因。[④]邢瑞利认为，特朗普的退出举动并非孤立现象，与美国历史上一贯的单边主义倾向和“美国例外论”传统密切相关，但也体现出抨击自由主义国际秩序、反对美国过度战略扩张、排斥多边贸易协定以及推卸全球治理责任等有别于二战后美国历届总统的发展变化。深层次源于美国对既有国际制度认知的重大转变，根本上是为了迎合美国内选举政治和民

① Joshua P. Meltzer, “From the Trans - Pacific Partnership to a Free Trade Agreement of the Asia - Pacific?”, https: //www. brookings. edu/blog/future - development/2015/05/05/from - the - trans - pacific - partnership - to - a - free - trade - agreement - of - the - asia - pacific/.（上网时间：2017年12月29日）

② Alan Oxley, “The TPP: Opening the Door to a Bigger APEC Free Trade Agreement”, http: //www. internationalaffairs. org. au/australianoutlook/the - tpp - opening - the - door - to - a - bigger - apec - free - trade - agreement/.（上网时间：2017年12月28日）

③ 张田园：“美国退出TPP对亚太经济合作与一体化的影响”，《国际研究参考》2017年第6期，第10页。

④ 蒋镇远、宾建成：“美国退出TPP对中国经济的影响分析”，《特区经济》2017年第3期，第8页。

意变化的需要，还与其本人的外交理念和执政风格密不可分。[①] 赵梦雪、詹花秀认为，TPP 虽然有助于构建符合美国自身利益的世界贸易规则，但无法给美国带来即时利益。TPP 的高门槛将阻碍美国设想中的主导全球贸易格局的目标。[②] 美国经济政策研究所研究员乔希·比文斯（Josh Bivens）认为，TPP 的保护措施是为了维护美国企业的利益，而不利于美国中产阶级。[③] 美国白宫国家贸易委员会主席彼得·纳瓦罗（Peter Navarro）认为，TPP 将牺牲美国经济，削弱美国的制造业基础和保卫美国及盟国的能力。[④] 美国彼得森国际经济研究所研究员彼得·佩特里（Peter Petri）和美国约翰斯·霍普金斯大学研究员迈克尔·普卢默（Michael Plummer）认为，短期来看，TPP 对就业率的影响并不明显；但长期来看，随着 TPP 协议的落实和制造业的转移，产业工人将面临失业风险。[⑤]

除美国因素外，TPP 的阻碍因素还源于各成员国内部分歧。吴涧生认为不利于 TPP 推进的因素主要分为三个方面：一是参与谈判成员国数量与谈判难度成正比；二是部分敏感问题将对谈判进程构成制约；三是各成员国国内利益集团可能对谈判进程形成阻力。[⑥] 薛荣久和杨凤鸣认为 TPP 谈判的主要障碍有：一是谈判方之间的经济社会发展不平衡，对

---

① 邢瑞利："特朗普政府的退出主义外交探析"，《和平与发展》2019 年第 4 期，第 18、19 页。

② 赵梦雪、詹花秀："美国退出 TPP 对经济全球化可能产生的影响"，《湖南行政学院学报（双月刊）》2017 年第 2 期，第 72 页。

③ Josh Bivens, "No, the TPP Won't Be Good for the Middle Class", http://www.epi.org/blog/no-the-tpp-wont-be-good-for-the-middle-class/.（上网时间：2017 年 12 月 25 日）

④ Peter Navarro, "TPP Accord to Be Decided by Trump's Administration", http://www.therakyatpost.com/world/2016/11/10/tpp-accord-to-be-decided-by-trumps-administration/.（上网时间：2017 年 12 月 26 日）

⑤ Peter Petri, Michael Plummer, "Economics of the Trans-Pacific Partnership: Distributional impact", https://piie.com/commentary/op-eds/economics-trans-pacific-partnership-distributional-impact.（上网时间：2017 年 12 月 25 日）

⑥ 吴涧生："跨太平洋伙伴关系协定（TPP）趋势、影响及战略对策研究"，转引自吴涧生、曲凤杰等著：《跨太平洋伙伴关系协定趋势影响及战略对策研究》，中国计划出版社 2014 年版，第 11，12 页。

外开放水平差距很大。二是 TPP 的规则和谈判方之间错综复杂的 FTA 中的规则之间的协调方式没有达成一致；三是美国对 TPP 的厚望遭到一些成员的抵制。①

在美国退出 TPP 的影响方面，撒莉、吕新元认为，美国退出 TPP 对全球经济的影响包括：一是反全球化和贸易保护主义思潮抬头，易引发大国之间贸易战；二是既有的全球价值链受影响，出口导向型制造业受到冲击；三是放弃亚太地区贸易规则制定权，增加中国对全球贸易和投资规则制定权的机会。② 美国布鲁金斯学会研究员米雷娅·索利斯（Mireya Solis）认为，TPP 谈判的失败将为美国的领导作用、战略地区关键伙伴关系的深化、新兴经济体市场改革的促进以及美国未来的贸易议程带来灾难性的后果。③ 美国彼得森国际经济研究所研究员杰弗瑞·肖特认为在没有美国参与的新协议下，美国不仅放弃了这些收益，还将损失 20 亿美元的收入，美国企业将在 TPP 市场处于不利地位。④

（四）特朗普政府对外经济政策研究

特朗普政府退出 TPP 后，对外经济政策转向“美国优先”的单边政策。宋国友认为，特朗普政府的国际经济政策重点体现为实施贸易保护主义、推行弱势美元、施压国际多边经济组织以及滥用经济制裁措施等。这严重破坏了自由市场的分工和资源配置原则，导致国家间经济竞

① 薛荣久、杨凤鸣：“跨太平洋伙伴关系协定的特点、困境与结局”，《国际贸易》2013 年第 5 期，第 51，52 页。

② 撒莉、吕新元：“美国退出 TPP 对全球经济的影响及中国的应对策略”，《中国物价》2017 年第 9 期，第 12 页。

③ Mireya Solis，“ The Geopolitical Importance of the Trans – Pacific Partnership：At Stake，a Liberal Economic Order”，https：//www. brookings. edu/blog/order – from – chaos/2015/03/13/the – geopolitical – importance – of – the – trans – pacific – partnership – at – stake – a – liberal – economic – order/.（上网时间：2017 年 12 月 26 日）

④ Jeffrey J. Schott，“TPP Redux：Why the United States Is the Biggest Loser”，PIIE，January 23，2018，https：//piie. com/blogs/trade – investment – policy – watch/tpp – redux – why – united – states – biggest – loser.（上网时间：2017 年 12 月 26 日）

争陷入安全化陷阱，动摇了冷战后形成的全球经济多边治理机制。[①] 王玉主认为，特朗普政府的贸易保护主义行为实质上是一种致力于重塑国际经济秩序的经济单边主义，既反映了特朗普政府对国际收益分配格局的不满和对中美相对实力对比变化趋势的深层忧虑，也展现了其摆脱国内政治经济困境和推行国家安全战略的途径；既是美国对外经济政策"安全化"的一种表现，也是特朗普政府探索应对中国崛起的最新尝试。[②] 李杨认为，美国政府贸易保护主义政策呈现出不同于以往的理念和特征，这同美国当前政党政治的需要和变化密切相关。两党之间为争夺对政府或国会的控制权的博弈贯穿于公共政策的整个决策过程，贸易政策特别是对华贸易政策更是双方争相使用的重要工具。[③]罗振兴认为，特朗普执政以来，对华贸易政策发生了根本性转向，转向了以权力为基础的双边博弈体系。其运用"安全化"过程，将极端的经济主张转化为国家安全问题，并在政府内部达成最大程度的共识，意味着中美经贸摩擦将呈现出常态化、复杂化和长期化的特点，短期内很难实现其公平、对等和平衡的双边贸易关系。[④] 翟东升认为，特朗普发动贸易战的真实动机并非解决贸易赤字问题而是应对财政赤字困局。特朗普推动实施的大规模减税方案扩大了美国联邦财政的赤字规模，而美联储主席鲍威尔上任后实施的鹰派加息政策，导致联邦政府利息支出大幅上升，进一步恶化了特朗普政府财政状况。特朗普不得不以贸易赤字为借口，向主要贸易伙伴提高进口关税，以此复活此前已经被否定的"边境调节税"。[⑤]

---

① 宋国友、张渝国："特朗普政府经济政策回顾及其制度影响"，《当代世界》2020 年第 12 期，第 38 页。

② 王玉主、蒋芳菲："特朗普政府的经济单边主义及其影响"，《国际问题研究》2019 年第 4 期，第 110 页。

③ 李杨、孙俊成："特朗普政府的贸易保护主义政策——基于政党政治的研究视角"，《美国研究》2019 年第 3 期，第 43 页。

④ 罗振兴："特朗普政府对中美经贸关系的重构——基于经济民粹主义和经济民族主义视角的考察"，《美国研究》2019 年第 5 期，第 76 页。

⑤ 翟东升："以贸易赤字之名解财政赤字之困——解析特朗普贸易战动机"，《现代国际关系》2019 年第 5 期，第 34 页。

（五）CPTPP 相关研究

CPTPP 继承了 TPP 的主体内容，2018 年由 11 个成员国签署正式生效。CPTPP 与 TPP 相比发生了变化，孙秀娟认为，在协议内容上，CPTPP 基本沿用了 TPP 中原本的协定结构与承诺，保留其中 95% 的部分，暂停条款有十一项都是知识产权方面的部分。CPTPP 的市场份额有所降低，对全世界所产生的影响力也开始下降。[①] 目前 CPTPP 与 RCEP 是亚太地区最受瞩目的区域自由贸易协定，国内对二者的比较研究渐渐成为热点。余淼杰和蒋海威认为，RCEP 条款内容更注重于货物贸易相关的活动，而 CPTPP 更侧重于服务贸易相关的规则。两者的主要差异表现在贸易规则适用性、关税水平、市场准入、涵盖领域、服务行业开放五个方面。[②] 目前 CPTPP 发展面临的主要挑战方面，张宇认为，大国缺位所带来的主导力量欠缺和内部产业链闭环能力的不足，以及经贸活动惯性导致的区域割裂等是目前 CPTPP 面临的主要挑战。[③] 张司晨认为，新冠疫情的蔓延给全球经济带来巨大挑战，助长了贸易保护主义倾向，多边贸易协定和区域经济一体化进程受到一定程度的不利影响，同时美国为未来亚太区域经贸合作增添了不确定性。[④]

国内外学者对中国加入 CPTPP 可能性进行了分析，美国彼得森国际经济研究所研究员加里·胡夫鲍尔（Gary Clyde Hufbauer）曾指出，中国参与美国涉及的 TPP 几乎是不可能的，因为 TPP 的要求与中国现行的做法相抵触，中国将不得不接受前所未有的国内改革，以符合有关

---

① 孙秀娟、吴一鸣：“CPTPP 的规则、影响及中国对策：基于和 TPP 对比的分析”，《法治与社会》2020 年第 7 期，第 1 页。

② 余淼杰、蒋海威：“从 RCEP 到 CPTPP：差异、挑战及对策”，《国际经济评论》2021 年第 2 期，第 129 页。

③ 张宇：“CPTPP 的成效、前景与中国的对策”，《国际贸易》2020 年第 5 期，第 52 页。

④ 张司晨：“新形势下 CPTPP 的影响、前景以及中国的选择”，《东北亚经济研究》2021 年第 4 期，第 79 页。

国有企业、数据流和本地化限制、劳工义务和补贴的标准。[①] 美国彼得森国际经济研究所研究员彼得·佩特里和迈克尔·普卢默将国有企业、知识产权、投资规则、电子商务、劳工权利以及市场准入判定作为中国加入的主要难点。[②] 苏庆义对 CPTPP 规则的接受难度进行了细致分类，将以货物的国民待遇与市场准入为代表的四项条款归为接受难度较大系列，而电子商务（数据跨境自由流动）和劳工（自由结社和集体谈判）被划为不能接受系列。[③] 常静分析指出，环保、劳工、知识产权等条款中国暂时不能完全达到要求，但与中国改革方向是一致的，不会成为中国加入的障碍。[④] 刘洪钟认为，由于在国有企业、劳工权益、信息与数据的跨境自由流动等方面差异太大，短期内尚难找到一种各方都能接受的处理办法。从日本政府对中国加入 CPTPP 可能性的表态就可看出，这将是一个漫长的过程。此外，美国也会极力阻挠中国在其之前加入 CPTPP。[⑤]

三、基本概念的界定

本书重点分析美国对 TPP 的认知及政策选择，结合这一行文思路，笔者对以下几个基本概念做出界定，以强调在本书中的适用范围。

---

① Gary Clyde Hufbauer, Jeffrey J. Shott and Zhiyao (Lucy) Lu, "China and the Trans - Pacific Partnership: In or out?", https: //www. piie. com/blogs/trade - and - investment - policy - watch/china - and - trans - pacific - partnership - or - out. (上网时间: 2019 年 12 月 10 日)

② Peter A. Petri and Michael G. Plummer. "China Should Join the New Trans - Pacific Partnership". Peterson Insititution for International Economics Policy Brief 19 - 1. https: //piie. com/publicaitons/policybriefs/china - should - join - new - trans - pacific - partnership. (上网时间 2020 年 1 月 11 日)

③ 苏庆义: "中国是否应该加入 CPTPP?",《国际经济评论》2019 年第 4 期，第 120 页。

④ 常静: "中国加入 CPTPP 的可行性及策略路径",《对外经贸实务》2021 年第 3 期，第 29 页。

⑤ 刘洪钟: "拜登政府执政后中美围绕 RCEP 与 TPP/CPTPP 的互动前景",《国际展望》2021 年第 2 期，第 22 页。

(一)“认知”的概念

认知是来自心理学的概念，是指通过形成概念、知觉、判断或想象等心理活动来获取知识的过程，即个体思维进行信息处理的心理过程。[①] 认知概念对于理解人们如何处理信息和认识他们周围的世界具有中心作用。认知主体的信念和态度常常被用来描述认知体系的这些组成部分。信念是人们在一个对象和它的属性之间所创造出来的联系。认知过程包括从知觉、记忆、注意和问题解决到信息处理、语言、思维和想象等所有事物。认知系统帮助人们把环境组织成可以理解和可以认识的单位，经过信息过滤人们不必来评估所有信息。[②] 认知过程不仅取决于认知对象，也受到认知主体主观因素的影响，如信念、价值观、知识经验以及知觉对象对实践的意义认识等。国际政治心理学被广泛应用于对外政策分析之中，其中以认知学派为代表。作为国际政治心理学重要分支的认知理论，核心观点在于国家政策受到决策者个人认知因素的影响，不同的对外政策是外部操作环境在决策者内心所反映的心理环境的差异导致的。认知因素构成个体或组织判断和决策的基础，尤其是在不确定性的环境中，由于不同的个性和情感，认知往往具有差异性，从而形成不同的判断和决策。

罗伯特·杰维斯是国际政治心理学的代表人物，始终坚持将认知心理学的基本概念和研究方法运用到国际关系研究中心，通过对微观层次的行为体（特别是决策者）的心理分析，更深入了解国际关系中安全困境的实质，找到国家间冲突的实质及解决方法。1968 年，杰维斯在《世界政治》上发表了《关于错误知觉的假设》一文，引起国际政治学界对微观层次研究的极大兴趣。作为该学派的代表人物，杰维斯在 1976 年出版的《国际政治中的知觉与错误知觉》一书中，将知觉作为

---

① Alan Bullock and Oliver Stallybrass, *The Harper Dictionary of Modern Thought*, New York: McGraw, 1977, p. 109.

② Martha L. Cottamet, *Introduction to Political Psychology*, New York: Psychology Press, 2010, p. 9.

理解外交决策和国家行为的重要因素进行了系统分析。杰维斯强调，了解知觉的主要目的是考察决策者对客体的目的和意图的认知，但是由于决策者自身条件的限制尤其是决策的制定总是处于不确定的复杂条件下，决策者对环境和他人的判断常常是一个选择性知觉、错误知觉和知觉扭曲不断发生的过程，这就使情况变得更为复杂。[①] 政策偏好的差异与决策者对环境不同认知（知觉）有关，人对刺激因素的反应基于本人对刺激因素的知觉，而不是基于客观真实的刺激本身。[②] 因此，如果不考察决策者对客观世界的看法和对其他人的认识，就无法解释重大决定和政策是怎样形成的。国家行为终究是通过人的个体行为表现出来的，国家领导人与政策精英是抽象国家行为的具体实践者。从某种程度上来说，个体尤其是领袖或重要领导人建构了一国的国家行为。杰维斯提出两个研究变量，分别是决策者的知觉（自变量）与国家之间的冲突行为（因变量）。这两个变量之间的因果关系是：国家决策者之间的错误知觉很可能会加剧国家之间的冲突，甚至会导致国家之间的战争。

杰维斯提出国际政治研究的认知视角之后，许多学者对此表示赞同，并进一步论述了认知研究视角的理论正当性。"认知—个体的信仰和推理过程是重要的，因为它们构成了所有的政治行为的基础，以及形成了权力和利益如何理解的基础。"[③] 无论是现实主义还是新现实主义和新自由主义等国际关系理论的权力和利益等概念，它们在本质上都是认知过程中形成的。[④]杰维斯的理论成果具有重大的现实指导意义。认知到个体知觉的根源将有助于减少国际关系实践中大量存在的错误计算

① ［美］罗伯特·杰维斯著，秦亚青译：《国际政治中的知觉与错误知觉》，世界知识出版社 2003 年版，第 18－21 页。

② ［美］罗伯特·杰维斯著，秦亚青译：《国际政治中的知觉与错误知觉》，世界知识出版社 2003 年版，第 8 页。

③ Michael D. Young and Mark Schafer, "Is There Method in Our Madness? Ways of Assessing Cognition in International Relations", *Mershon International Studies Review*, Vol. 42, No. 1, 1998, p. 64.

④ 尹继武："认知心理学在估计关系研究中的应用：进步及其问题"，《外交评论》2006 年第 4 期，第 102 页。

与误解，有助于学者和决策者对其他国家的意图进行更为精准的分析，从而能制定或提供比仅仅依靠国家利益分析框架对国际关系的分析更有效的政策。

确定行为体的认知一般常用两种方法。一种是“指标分析”，即先对认知对象经过各种各样指标的归纳，经过判断后得出结论。这些指标是认知主体对认知对象进行认识的参考基础。这种方法通过搜集研究对象所发表过的言论及行为进行分析，得出认知对象制定或执行某一项外交政策的意图与动机。另一种方式是“意象”分析，是指研究对象本身已经长期被研究者所观察，因此不需要仰赖其他特质来判断其属性后再进行好恶评价。当一种包含各种特质的事物一再出现，则之后就不需要经过对特质的分化整合，即刻便可从认知记忆库调动对此事物的认知。

（二）认知主体

认知主体是指认知活动的承担者，是认知过程中的首要因素，对认知的形成及其诸要素的结合方式起着决定作用。在认知过程中，它最具有自主性和能动性，担负着使认知客体向“观念”转化的任务。认知主体具有复杂的社会构成形式，是个人与社会的有机统一。认知主体作为一个执行认知功能的系统，是知识、情感与意识相统一的有机整体，人的各种意识要素都会直接或间接地参与认知活动，并对认知的形成与发展产生影响。主体的现实的认知结构直接担负认识功能，它是在主体先行活动的基础上建立的，一旦建立就成为相对固定的框架或模式，构成人从事认知活动的一种前提张力和准备状态。人的认知活动总是表现为把原有的认知模式延伸并运用于将要认知的客体。在人的意识中，还有各种非理性的心理因素。它们在认知活动中也起着重要作用，往往对人的认知能力的发挥和运用起到导向、选择和调节等作用。认知主体可以划分为个体主体、群体主体、社会主体等形式。其中社会主体是认知主体的最高形式。

具体到本书而言，美国领导人、政府机构、学者、利益集团、媒体及民众等均可作为认知主体。本书研究的是美国对 TPP 的认知与政策选择，主权国家在国际上的行为和观点，主要通过决策者表现出来，“决策者的权威性活动，无论其内容和目标是什么，都代表着国家行为。国家行为实际上是那些以国家名义行事的人的行为”。[①] 决策者根据他们关于现实的意象进行决策，而这种意象是由决策者的认知过程，或者说是由决策者如何认知具体的决策形势来决定的。[②] 因此本书将总统及其顾问、相关部门及主要官员组成的“美国政府”作为本书的认知主体。而其他部门和人员，如国会、利益集团、舆论界和普通民众，他们虽然对总统的外交决策有牵制和影响，但无法取代美国总统及政府在外交领域的核心地位。而且，政府的认知引导和规范着美国社会其他层面的认知方向，对外交政策会产生直接影响。

（三）认知转变

围绕“认知如何发生转变”，杰维斯在其分析中认为知觉很难发生改变，只有态度维持的八种机制不足以化解矛盾信息的时候，人们才被迫在一些重大问题上改变态度；并且在决策过程中渐进性变化占据主导地位，核心认知发生了变化，深远的认知变化就会随之而来。[③] 但这一论述并未明确影响认知转变的核心因素。自由主义认为“相互依存”和“国际制度”会影响国家间的认知，但也是属于渐进性的变化模式。建构主义理论在分析进程理论时认为：“社会进程模式，尤其是在身份和利益的进化问题中，文化选择才是主导逻辑”，[④] 建构主义强调文化结构的转变，并提出“互动”概念，但并没有明确影响国家文化选择

① Richard C. Snyder, *Foreign Policy Decision - Making: An Approach to the Study of International Politics*, New York: The Free Press, 1963, p. 85.

② James E. Dougherty, *Contending Theories of International Relations: A Comprehensive Survey*, Addison Wesley Longman, 2001, p. 593.

③ ［美］罗伯特·杰维斯著，秦亚青译：《国际政治中的知觉与错误知觉》，世界知识出版社 2003 年版，第 303 - 310 页。

④ ［美］亚历山大·温特著，秦亚青译：《国际政治的社会理论》，上海人民出版社 2008 年版，第 327 页。

过程中的核心因素，即有哪些关键因素导致一国的外交决策的认知背景发生根本性的转变。[①] 因此，认知理论的一个重要研究方向集中在“认知”如何发生转变和影响认知转变的因素两个方面，即哪些因素在改变或修正决策者或决策团队认知的过程中产生的影响。

四、研究方法

就本书的研究议题而言，美国对TPP的认知及政策选择涉及认知主体特殊性的背景和偏好，国际政治认知心理学理论对此具有一定的解释力。在探索认知与外交政策结果的关系时，国际政治心理学通常使用两种方法。一种方法是追踪和研究决策者认知变化的详细过程。例如决策者的信仰是什么，它是如何影响决策者接受和分析来自外界的信息的，这种信息处理方式和结果导致决策者是如何判断形势的，决策者根据这种对形势的判断在决策过程中考虑了几种可能的选择，最后为何选择了最终的政策等。另一种方法则是通过对决策者的个性的研究，建立起决策者个性与外交政策结果的关系。这种方法不研究决策过程，只需找出决策者的个性特征，以及研究的具体结果与行为。如果它们基本一致，就说明决策者个性下的认知对这个国家的对外政策产生了影响，如国际政治心理学学者沃克利对基辛格的研究。第一种方法通过对决策过程的详细研究能够揭示出信仰、认知过程与外交政策结果之间的因果关系。但是这种方法需要更多、更详细且难以获得的材料，并且认知过程是个主观判断的过程，难免出现认知偏差，研究起来容易以偏概全。第二种方法相对可行，但是它只能回答对外政策决策者的个性与决策结果之间的相互关系，而不能确定两者之间的因果关系，更不能解释外交政策决策者的个性与外交决策结果之间不一致的现象。[②] 本书中选取的美国对

---

① 李少丹：“国际政治中的认知转变——以美国对中国的‘认知转变’为例”，《国际政治科学》2013年第3期，第92页。

② 王辉：《冷战后美国对“中国崛起”的认知与对华战略》，社会科学文献出版社2017年版，第14页。

TPP 的认知问题相对集中，奥巴马政府和特朗普政府的认知具有较大差异性，因此笔者取二者之长，避二者之短，尽可能地将决策者的认知置于群体背景中加以考虑，从微观层面分析美国对 TPP 的政策实质。

笔者遵循现实政治中经验分析的基本路径，利用国际政治常用的分析工具和政治学中的认知理论，对美国对 TPP 的认知进行分析。美国对 TPP 的政策方面，总统模式和行政模式往往是主要决策模式，政治模式尤其是其中的国会又在关键时刻起到决定作用。具体而言，本书以时间为主轴，分析 TPP 演变历程中美国两届政府的认知，从奥巴马政府为什么选择 TPP，到特朗普政府为什么放弃 TPP，对比其中哪些认知因素在起作用，在不同历史时期哪些因素占据主导地位。在认知与政策选择的互动关系分析中，先有认知而后有政策选择，但政策执行的过程中又反作用于认知的变化。在分析整个认知变化和政策选择过程中，本书也遵循了历史分析法和比较分析法。历史分析法为国家的政策行为研究提供了事实依据，是传统研究的主要研究方法，根据事物的发展变化过程，进行归纳、分析、比较、概括，掌握内在发展规律。比较分析法包括纵向研究和横向比较研究。本书采取这一研究方法对不同时期的认知变化进行多维度、多视角的比较分析。就纵向比较而言，根据 TPP 的发展阶段，以美国的加入和退出为关键节点进行比较。就横向比较而言，本书对奥巴马政府和特朗普政府认知变化的因素进行比较，寻找其中的逻辑规律。此外，本书通过收集和总结关于 TPP 的学术专著、学术编著、期刊论文、研究报告和报纸文章等，整合统计出关于 TPP 的相关数据、材料，并在此基础上进行深入研究。

五、内容框架

除去导论和结论，本书分为五章，研究思路大体如下：

第一章，TPP 的演变及美国对 TPP 认知的影响因素。TPP 的演变过程的核心因素是美国的加入并主导，而影响美国对 TPP 认知的因素决定了美国 TPP 政策的转变。本章主要目的是通过对 TPP 演变的概述，梳理 TPP 的发展脉络，分析影响美国对 TPP 认知的因素进而全面理解美国在 TPP 发展过程的转变。第一节：TPP 的演变。本节着重对 TPP 的演变进行梳理，TPP 的缘起是在 WTO 多哈回合谈判陷入僵局，区域撬动多边成为新趋势的背景下提出的。TPP 因美国的加入和主导迅速壮大，所以美国的谈判动向是划分 TPP 发展阶段的重要节点。TPP 经过 22 轮谈判取得阶段性成果，在多数领域达成共识。第二节：影响美国对 TPP 认知的因素。本节重点对影响美国对 TPP 认知的因素进行分析。影响美国对 TPP 认知的因素比较复杂，与美国的政治理念、安全战略、国家利益、国内政治等因素息息相关。

第二章，奥巴马政府对 TPP 的认知及政策调整。本章主要目的是从影响奥巴马政府对 TPP 认知的因素着手，分析美国推进 TPP 的战略意图。第一节：影响奥巴马政府对 TPP 认知的因素。本节从四个认知因素方面分析了美国加入 TPP 的原因：一是奥巴马政府实用自由主义的外交理念；二是 TPP 是美国“亚太再平衡”战略的经济支点；三是遏制竞争对手崛起；四是美国具备推进 TPP 的有利条件，因此美国选择加入并主导 TPP。第二节：美国主导 TPP 的特点。本节对 TPP 特点的分析从成员国的自我界定及与现有 FTA 的比较中得出，其中 TPP 的“广覆盖”“宽领域”“高标准”较为突出。第三节：对 TPP 的评估。TPP 在战略上遏制竞争对手，在制度上维护经济霸权，在贸易上排挤竞争对手。TPP 既具有作为国际贸易体系中的区域性公共产品的性质，又贴上了美国“私有化”权力工具的标签。

第三章，特朗普政府对 TPP 的认知及政策调整。本章主要目的是分析哪些认知因素影响了特朗普政府退出 TPP 的决定，并在此基础上分析特朗普的对外经济政策调整。第一节：影响特朗普政府对 TPP 认知的因素。本节从三个方面分析了特朗普政府认知因素的变化：一是特朗普政府的外交理念为有原则的现实主义；二是坚持“美国优先”，反对自由贸易和多边合作；三是国内政治中维护基础选民的出发点。特朗普政府主要基于以上认知因素做出退出 TPP 的决定。第二节：特朗普政府退出 TPP 后的对外经济政策。特朗普政府的对外经济政策以弱化多边贸易规则，试图以美国意愿控制国际经济体制；以贸易保护政策为核心，重点惩治不公平贸易行为；以强力手段力推制造业回流；以打击对手为目标采取各种经济制裁政策，这些政策与奥巴马政府相比发生了相当大的变化。第三节：美国退出 TPP 的评估。对美国的影响，一方面将削弱其软实力，另一方面以双边代替多边，短期内对美国经济利好。对亚太地区的影响，一方面 TPP 其他成员国将遭受经济损失，另一方面亚太区域经济合作可能转向。

第四章，美国对 TPP 认知的逻辑。本章主要目的是分析随着总统的换届，美国对 TPP 认知变化中的变与不变，为分析预测未来美国的对外经济政策变化提供参考。第一节：美国对 TPP 认知变化中的不变因素，分别是维护美国全球霸权目标；以国家经济利益为对外经贸政策出发点；遏制战略竞争对手。第二节：美国对 TPP 认知变化中的自变量，分别是亚太战略理念从规则到实力的转变；对外经济理念从肯定全球化到逆全球化的转变；对外贸易理念从自由贸易到贸易保护主义的转变。第三节：美国对 TPP 认知变化的特点。美国对 TPP 的认知受到政党政治、利益集团、公众舆论、领导人个人风格等多方面影响，存在认知差异，特点表现为多元认知的政治较量；贸易政策目标和手段存在矛盾；领导人的执政理念和个人风格影响力不断放大。

第五章，美国重返 TPP 的可能性及政策选择。本章主要目的是分析美国重返 TPP 的可能性，为中国如何应对献计献策。第一节：CPTPP 的新发展。本节重点分析 CPTPP 的发展现状和发展前景。第二节：美国重返 TPP 的可能性。本节以影响美国重返 TPP 的主要因素着手分析，美国在特朗普任内并未重返 TPP，短期内重返 TPP 的可能性较小。美国退出 TPP 后，CPTPP 虽然经济体量减小，但在亚太地区仍对中国存在竞争性。拜登政府执政后，中美两国短期内在 CPTPP 难以形成实质性合作，美国也将为中国加入 CPTPP 设置重重障碍。此外，美国退出 TPP 后，中美经贸竞争新特点主要表现为中美贸易摩擦激化、打压中国高新技术的发展、国会和政治精英在经济上遏制中国看法一致、经贸合作在中美关系中地位下降。从上述对美国退出 TPP 后中美经贸竞争新特点来看，中美在经贸领域的博弈将长期化，中国对此应保持清醒认识。中国应以“高标准”深化改革；积极推进自由贸易区战略；深入推进“一带一路”倡议；正确认识中美关系发展方向。

六、创新与不足

本书的主要创新之处体现在两点：一是对TPP研究视角的选择。奥巴马政府高调加入TPP之后，国内外对TPP的研究如雨后春笋般涌现。目前的研究主要集中于对TPP本身的经济视角和战略视角的分析，而从认知视角分析的凤毛麟角。理解美国对TPP的认知及政策选择，仅从单纯价值观和国际权力分配的视角是不够的，需要考察认知因素是怎么影响对外经济政策选择的。从认知视角进行切入，可以由内而外的把握美国加入并主导TPP直至退出TPP选择其他路径的缘由，能更清晰的认知美国当前面临的主要矛盾是什么，将采取何种手段维护霸权目标，也有利于中国做出政策调整。

二是对奥巴马政府和特朗普政府认知的变化进行了比较分析。虽然两届政府面对的国际国内形势不同，但影响其认知的因素仍有趋同之处，那么政策调整变化是由哪些因素起主导作用而决定的，对比中又可以发现认知变化中的特点及政策影响。美国对TPP的认知是有逻辑的行为，尽管存在偏差的可能，但仍是当时利益矛盾的体现。因此，美国对TPP的认知既是一个纵向的发展过程，又是一个横向的对比过程，其间认知的特点是研究的重点和意义之所在。

美国对TPP的认知及政策选择研究是个动态的过程，其发展变化存在较多不稳定性因素，也成为难以克服的障碍。首先，认知这个概念是投身于现实的观念建构，反映了认知主体认识世界的方式，但认知的转变仍是一个相对复杂的过程。本书选取的影响因素不可能完全概括整个认知过程，加之参考资料的局限性，影响了对复杂互动过程的精准分析。其次，特朗普政府退出TPP之后，美国对外经济政策也在不断调整过程之中，因此本书的论述存在不完整和不充分的情况。最后，由于

TPP属于经济领域，涉及较多经济方面的专业知识，本书虽然选取的不是纯经济视角，但由于笔者学识有限，对经济领域知识储备不足，难免研究不够深入，需要进一步改进。

第一章　TPP的演变及美国对TPP认知的影响因素

2008 年金融危机以来，全球治理结构处于新一轮调整变革期，以区域经济合作为基础创建的多边贸易投资规则呈现出超越现有 WTO 规则的新趋势。在亚太地区，区域贸易协定是新兴经济体和发展中国家融入全球化和全球价值链的最重要动力。美国是当今世界唯一的超级大国，对外经济手段成为维护海外经济利益和主导国际经济秩序的重要途径。TPP 最初由新加坡、新西兰、智利和文莱 4 个亚太地区国家发起建立，随着奥巴马政府宣布美国正式加入而实现了从 P4 到 P12 的飞跃。2017 年特朗普执政伊始即宣布美国退出 TPP，TPP 的发展陷入僵局。美国对 TPP 的认知是由多方面的复杂因素决定，既影响了 TPP 的发展轨迹，也反映出美国未来的着力点。本章将从 TPP 的缘起及影响美国对 TPP 认知的因素着手进行分析。

第一节　TPP 的演变

TPP 是跨区域的区域经济合作机制，在奥巴马政府的积极推动下，TPP 历经 22 轮谈判，实现了 P4 到 P12 的转变，成为亚太地区探索 FTA-AP 路径的先行者。美国对 TPP 认知变化决定了 TPP 的演变，也为亚太地区区域经济合作机制提出新的机遇和挑战。

一、世界贸易组织的发展历程及发展困境

世界贸易组织自成立以来，为世界经济发展提供了重大助力，是当代最重要的世界经济组织之一。但近年来 WTO 的多哈回合谈判屡陷困境，同时面临区域贸易协定不断高涨的强力冲击，其发展前景并不明朗。

（一）世界贸易组织的发展历程

1995 年 1 月 1 日，WTO 自正式成立以来，作为多边贸易体制的法律基础和组织基础、众多贸易协定的管理者和各成员贸易立法的监督者，以及就贸易进行谈判和解决争端的场所，在世界经济发展中至关重要，促进了国际贸易自由化的发展。

建立世界贸易组织的设想最早在 1944 年 7 月举行的布雷顿森林会议上被提出。布雷顿森林会议确立了以美元为中心的国际货币体系，即布雷顿森林体系，当时设想在成立世界银行和国际货币基金组织的同时，成立一个国际贸易组织，使之成为控制与协调战后世界经济的“货币—金融—贸易”三位一体的机构。1947 年，联合国贸易及就业会议签署的《哈瓦那宪章》同意建立世界贸易组织，但由于包括美国在内的一些国家的国会认为这一宪章与国内立法有悖，世界贸易组织“胎死腹中”。同年，美国发起拟定了《关税及贸易总协定》（General Agreement on Tariffs and Trade，简称 GATT），并于 1947 年 10 月在日内瓦签订，1948 年 1 月生效。

《关税及贸易总协定》分为序言和四大部分，共计 38 条，另附若干附件。主要内容有：一是适用最惠国待遇，缔约国之间对于进出口货物及有关的关税、规费、征收方法、规章制度、销售和运输等方面，一律适用无条件最惠国待遇原则。但关税同盟、自由贸易区以及对发展中国家的优惠安排都作为最惠国待遇的例外。二是关税减让，缔约国之间通过谈判，在互惠基础上互减关税，并对减让结果进行约束，以保障缔

约国的出口商品适用稳定的税率。三是取消进口数量限制，总协定规定原则上应取消进口数量限制。但由于国际收支出现困难的，属于例外。四是保护和紧急措施，对因意外情况或因某一产品输入数量剧增，对该国相同产品或与它直接竞争 GATT 的宗旨是通过削减关税和其他贸易壁垒，消除国际贸易中的差别待遇，促进国际贸易自由化，以充分利用世界资源，扩大商品的生产及流通。由于未能达到规定的生效条件，作为多边国际协定的 GATT 从未正式生效，而是一直通过《临时使用议定书》的形式产生临时适用的效力。GATT 也是 WTO 的前身，在之后的 50 年内成为全世界唯一的多边贸易长期协定，在一定范围内延续着国际贸易组织的贸易多边主义精神，并且在一定程度上实现了美国主导战后多边贸易机制的目标。

GATT 从 1947 年至 1994 年共举行了八轮多边贸易谈判，其中较为著名的包括“肯尼迪回合”“狄龙回合”“东京回合”等。这些谈判使缔约国平均关税大幅下降，协商解决了上百起贸易纠纷，世界贸易增长迅速。GATT 从 20 世纪 60 年代中期起大量接纳发展中国家和地区，70 年代中期，东欧国家也开始“入关”，这些都对促进全球贸易发展和世界经济增长产生了巨大的影响。[①] 1990 年，欧共体和加拿大分别正式提出成立世界贸易组织的议案。1993 年 12 月，第八轮谈判即“乌拉圭回合”取得重大进展，签署文件规定将建立世界贸易组织以取代关贸总协定的临时机构，对几千种产品的关税进行削减，并把全球贸易规则扩大到农产品和服务业。1994 年 4 月，在摩洛哥马拉喀什市举行的关贸总协定乌拉圭回合部长级会议上正式决定成立世界贸易组织。

---

① 索刚雷：“世贸组织的发展历程”，《工人日报》1999 年 11 月 16 日。

表1—1　GATT八次多边贸易谈判

场次	时间	地点	主要内容
第一次	1947年	瑞士日内瓦	使占国家进口值54%的商品平均降低关税35%
第二次	1949年	法国安纳西	使占应征税进口值56%的商品平均降低关税35%
第三次	1950年	英国托基	使占进口值11.7%的商品平均降低关税26%
第四次	1956年	瑞士日内瓦	使占进口值16%的商品降低关税15%
第五次	1960年	瑞士日内瓦	“狄龙回合”，使占进口值20%的商品平均降低关税20%
第六次	1964年	瑞士日内瓦	“肯尼迪回合”，平均降低关税35%
第七次	1973年	瑞士日内瓦	“东京回合”，谈判重心从关税转移到非关税壁垒上
第八次	1986年	乌拉圭埃斯特角城	“乌拉圭回合”，首次将劳务贸易列入多边贸易谈判范围

资料来源：根据世界贸易组织官网资料整理。

WTO是一个独立于联合国的永久性国际组织，负责管理世界经济和贸易秩序，总部设在日内瓦莱蒙湖畔。该组织的基本原则和宗旨是通过实施非歧视、关税减让以及透明公平的贸易政策，来达到推动世界贸易自由化的目标。WTO由部长级会议、总理事会、部长会议下设的专门委员和秘书处等机构组成。WTO是具有法人地位的国际组织，它在调节成员争端方面具有更高的权威性和有效性。与GATT相比，WTO管辖的范围除传统的和乌拉圭回合确定的商品货物贸易外，还包括长期游离于GATT外的知识产权、投资措施和非货物贸易（服务贸易）等领域。WTO与世界银行、国际货币基金组织一起，并称为当今世界经济体制的“三大支柱”。

WTO 的首要目标是开展平稳、自由、公平的贸易，是多边贸易体制的重要代表。WTO 的基本原则包括互惠原则、透明度原则、市场准入原则、促进公平竞争原则、经济发展原则、非歧视性原则等。WTO 的协定是由世界上绝大多数国家和地区通过谈判达成并签署，由各成员立法机构批准并执行。这些协定包含了国际贸易通行的法律规则，一方面保证各成员的重要贸易权利，另一方面对各成员政府起到约束作用，使它们的贸易政策保持在各方议定且符合各方利益的限度之内。1995 年 7 月，WTO 总理事会会议决定接纳中国为该组织的观察员，2001 年 12 月，中国正式加入 WTO。

（二）世界贸易组织的发展困境及挑战

WTO 成立以来，在削减和取消关税及其他贸易壁垒，解决国际贸易中的歧视性待遇问题，促进世界经贸发展等多方面，发挥了重要的作用。截至 2014 年 6 月，WTO 共有 160 个成员，成员之间的贸易总额占全球贸易总额的 98% 以上，因而素有“经济联合国”之称。[①] 然而，由于 WTO 的议事规则遵循一致同意原则，即改革和调整需要得到所有成员的一致同意。在这种原则下，WTO 更容易陷入严重的“集体行动的困境”之中。

在经贸谈判方面，2001 年 11 月，WTO 第四次部长级会议在卡塔尔首都多哈举行，并发表了《多哈部长宣言》，正式启动了新一轮多边贸易谈判的“多哈发展议程”。该轮谈判确定了八个主要谈判领域，分别是农业、非农产品市场准入、服务、知识产权、规则、争端解决、贸易与环境，以及贸易和发展问题，旨在促进成员削减贸易壁垒，并通过更公平的贸易环境来促进全球特别是较贫穷国家的经济发展。多哈回合谈判最初计划在 2005 年 1 月前全面结束谈判，但在 2003 年 9 月墨西哥坎昆举行的第五次 WTO 部长级会议上，各方在投资保护、市场竞争政策、

---

① The WTO, http://www.wto.org/english/thewto_e/thewto_e.htm.（上网时间：2017 年 10 月 2 日）

政府体制透明化及农业补贴等谈判议题上分歧太大而迟迟未能完成，多哈回合谈判陷入僵局，WTO 总理事会 2006 年 7 月 22 日批准其正式终止。

多哈回合谈判虽然是多边谈判，但真正的谈判主角是美国、欧盟以及由发展中国家组成的“20 国协调组”。从时间进程来看，多哈回合谈判大致分为以下几个重要阶段：一是 2001 年正式启动到 2003 年 9 月陷入僵局。二是 2004 年日内瓦小型部长会议上达成的框架性协议到 2005 年 12 月的香港部长会议，是多哈回合谈判的核心阶段。经多方努力，WTO 各成员 2004 年 8 月 1 日就多哈回合谈判达成框架协议，为削减农业补贴和取消关税、降低工业品关税、推动服务贸易自由化和贸易便利化确立了基本原则，并同意将结束谈判的时间推迟到 2006 年底。2005 年 12 月，在中国香港举行的 WTO 第六次部长级会议，在令人关注的农产品贸易争议问题上取得积极进展，但在事关多哈回合成败的削减农业补贴、降低非农产品关税和开放服务业等关键问题上仍未取得突破。三是 2006 年至 2013 年，多哈回合谈判从低迷走向有所突破。2008 年 7 月，WTO 在日内瓦召开了小型部长会议，但由于美国的拒绝，协议最终并未达成一致，多哈回合进入长时间的低迷期。2013 年 12 月，WTO 第九届部长级会议在印度尼西亚巴厘岛落下帷幕，多哈发展议程才有所突破。会议发表了《巴厘部长宣言》，通过了“巴厘一揽子协定”，涵盖了旨在实现便捷化的简化海关及口岸通商程序、允许发展中国家在粮食安全问题上具有更多选择权、协助最不发达国家发展贸易等方面，这是多哈会谈启动 12 年以来的首份全球多边贸易协定。尽管“巴厘一揽子协定”将 WTO 进程继续推进，但离多哈回合谈判解决目标仍十分遥远。2015 年 12 月，在肯尼亚首都内罗毕举行 WTO 第十次部长级会议，会议通过了《内罗毕部长宣言》等 9 项部长决定，承诺推动多哈议题。WTO 成员首次承诺全面取消农产品出口补贴，并就出口融资支持、棉花、国际粮食等方面达成新的多边纪律。会议达成近 18 年来 WTO 首个关税减让协议，涉及 1.3 万亿美元国际贸易。尽管如此，这次会议仍未能修复南北国家在如何打破多哈僵局这一问题上的严重分歧。

多哈回合的止步不前为区域贸易协定的发展提供了舞台。发达国家和发展中国家利益集团分歧严重，成员无法通过多哈回合多边谈判实现预期目标的情况下，WTO 也难以阻止成员选择区域性及双边谈判，使多哈回合深陷泥潭，为全球贸易政策碎片化提供了滋生土壤。

二、亚太地区经济合作进展

亚太地区是全球经济发展速度最快、潜力最大、合作最为活跃的地区，也是世界经济复苏和发展的重要引擎。亚太地区合作正在由市场驱动的地区经济一体化，逐渐转变为政策与战略主导的，以各种机制为载体的地区一体化。这个转变是由冷战结束、经济全球化以及区域主要国家的地区合作战略调整等因素促成的。亚太地区的经济合作主要是两个地区的合作，一是亚太地区，以 APEC 为主要机制；二是东亚地区，机制相对复杂。东亚合作以东盟的经济合作为起步，大力推动 10 + 3 合作，以其为主要渠道建立东亚自贸区和东亚共同体。

（一）亚太经合组织的发展进程

亚太经合组织（Asia – Pacific Economic Cooperation，简称 APEC）是亚太地区层级最高、领域最广、最具影响力的经济合作机制。1989 年 11 月，美国、澳大利亚、日本、韩国、新西兰、加拿大以及当时的东盟六国在澳大利亚首都堪培拉举行 APEC 首届部长级会议，标志着 APEC 正式成立。APEC 自成立以来，历经初步发展、快速发展和调整发展的阶段，组织架构日趋完善，取得丰硕的成果，对亚太地区经济发展和经济全球化都做出重要贡献。

1. APEC 发展阶段

APEC 现有 21 个成员，分别是澳大利亚、文莱、加拿大、智利、中国、中国香港、印度尼西亚、日本、韩国、墨西哥、马来西亚、新西兰、巴布亚新几内亚、秘鲁、菲律宾、俄罗斯、新加坡、中国台北、泰国、美国和越南。APEC 的宗旨是支持亚太区域经济可持续增长和繁荣，捍卫自由开放的贸易和投资，加速区域经济一体化进程，鼓励经济技术合作，促进建设良好和可持续的商业环境。APEC 采取自主自愿和协商一致的合作方式，所做决定须各成员一致同意。会议成果文件不具法律约束力，但各成员在政治上和道义上有责任尽力予以实施。自成立以来，APEC 的发展历程大致经历了五个不同的发展阶段。

第一阶段是 1989 年至 1992 年，是 APEC 的初期发展阶段。这一阶段 APEC 建立了它作为一个区域经济组织的基本架构。1989 年的首届 APEC 部长会议声明中，明确表示 APEC 并不寻求建设一个贸易集团。1990 年的第二届部长会议声明中，强调了 APEC 的首要工作是推动“乌拉圭回合”谈判的结束以及开放的全球贸易体系。1991 年召开的汉城会议通过了《汉城宣言》，它作为 APEC 的基本章程，首次对该论坛的宗旨、原则、活动范围、加入标准等做出规定。同年，APEC 吸纳了中国、中国台北和中国香港加入，成员扩充至 15 个。1992 年泰国曼谷会议进一步确定在新加坡设立秘书处作为 APEC 常设机构，并成立基金支持该会议的各项活动，使 APEC 在组织机构上进一步完善，也标志着 APEC 开始由论坛向机构化、组织化方向迈进。

第二阶段是 1993 年至 1997 年，是 APEC 的快速发展阶段。APEC 在这 5 年间，解决了区域合作所面临的不同问题，成为 APEC 进程中的“五步曲”。随着“乌拉圭回合”谈判的顺利结束、“北美自由贸易协定”的建立、WTO 的成立以及欧盟的一体化进程加速，APEC 变得日益乐观和激进，强调实现亚太地区的贸易投资自由化便利化问题。1993 年在美国西雅图召开的首次 APEC 领导人非正式会议上，第一次提到亚太地区的自由贸易问题。1994 年在印度尼西亚茂物召开的 APEC 第六届部长会议和第二次领导人非正式会议，提出“发达成员在 2010 年，发展中成员在 2020 年分别实现贸易和投资自由化”的“茂物目标”。“茂物目标”为 APEC 注入实质性合作内容和内在推动力，其最大贡献在于确定了贸易投资自由化作为 APEC 的长远目标，同时制定了实现这一目标的具体时间表。1995 年在日本大阪召开的 APEC 第七届部长会议和第三次领导人非正式会议在确定贸易和投资自由化的性质、原则、步骤和内容方面做出重要决定。“执行茂物宣言的大阪行动议程”是此次会议的核心成果，将 APEC 的活动由远景规划阶段推向实际行动阶段。贸易投资自由化、便利化以及经济技术合作被确定为推进 APEC 进程的两大支柱。1996 年 APEC 宣布通过并开始执行“APEC 马尼拉行动计划”，涵盖实现“茂物目标”的初步步骤，并提出集体行动计划和单边行动计划，APEC 开始正式步入实施贸易投资自由化长期目标的阶段。

第三阶段是 1998 年至 2000 年，是 APEC 的调整发展阶段。亚洲金融危机直接导致 APEC 贸易自由化进程严重受挫，APEC 多数成员遭受冲击，经济陷入衰退，开始对贸易投资自由化采取慎重态度。1997 年和 1998 年的 APEC 会议的重要议题集中在经济和金融安全领域。在 APEC 内部，由于各成员分歧较大且难以调和，始于 1997 年的部门提前自由化在一定程度上超越了亚太地区的现实情况，难以按原有设想加以推进，部门提前自由化以失败告终。虽然 APEC 的经济技术合作依旧保持发展势头，但 APEC 的发达成员态度消极，要想取得实质性进展困难重重。1998 年和 1999 年，APEC 进入一个巩固、徘徊和再摸索的调整阶段，APEC 成员达到 21 个后，再未接纳新成员加入。2000 年非正式领导人会议重申了应坚持在茂物确定的贸易投资自由化目标，并加强人力、机构、基础设施和市场等方面的能力建设活动。

第四阶段是 2001 年至 2007 年，是 APEC 的稳定发展阶段。这一阶段 APEC 的“茂物目标”小幅度推进，非经济议题包括社会发展、公共卫生、气候变化、防灾减灾和反腐败等多领域关注度上升。以 2001 年在中国上海举行的第九次领导人非正式会议上达成的《上海共识》为起点，APEC 全面推进各成员在贸易投资领域的多项合作。2002 年至 2005 年，各成员完成第一次同行审议（各成员自愿邀请各成员的专家实地考察与评估本国/地区推进“茂物目标”的进展和成就）。[①] 2005 年承诺通过《釜山线路图》，尽力弥合区域鸿沟、缩小差距。2006 年通

① 司文、陈璐：“APEC 发展历程、前景与挑战”，《国际研究参考》2014 年第 11 期，第 24 页。

过《河内行动计划》，呼吁成员推动多哈回合谈判，稳步实施《河内行动计划》，以实现“茂物目标”。与此同时，由于2001年“9·11”事件爆发后国际政治经济环境发生重大变化，APEC议题中的非经济议题热度逐渐上升。2001年第九次会议上发表了《亚太经合组织领导人反恐声明》，将反恐议题纳入APEC议程。2002年后，随着“非典”疫情、禽流感疫情、印度洋海啸等事件发生，会议议程中的非经济议题范围也逐渐扩大。

第五阶段是2008年至今，“茂物目标”降温，APEC进入新的发展改革阶段。2008年金融危机发生后，贸易保护主义有所抬头，给经济全球化带来消极影响。2009年新加坡会议上，重点讨论了反对贸易保护主义，支持多边贸易体制，以及推进区域经济一体化和APEC未来发展等问题，重申APEC的共同目标没有改变，明确提出经济增长新战略。2010年“茂物目标”展开第一阶段评估，评估对象包括既定的5个发达成员和自愿参与的8个发展中成员，评估并未明确判断是否达到“茂物目标”，对继续推动“茂物目标”后劲不足。2014年在中国北京召开的第22次领导人非正式会议上，推动区域经济一体化、促进经济创新发展、改革与增长、加强全方位基础设施与互联互通建设成为重点议题。会议宣布成立“丝路基金”以支持丝绸之路沿线地区的基础设施建设，通过了《APEC互联互通蓝图（2015－2025）》，为构建面向未来的亚太伙伴关系，打造发展创新、增长联动、利益融合的开放型亚太经济格局指引新方向、注入新活力。

2. APEC是推进贸易投资自由化便利化目标的重要途径

自1993年11月在美国西雅图召开第一届领导人非正式会议开始，至今已经举办27次APEC领导人非正式会议。APEC经济议题的两大支柱分别是贸易投资自由化便利化和经济技术合作。贸易投资自由化便利化是APEC的长远目标，经济技术合作的目的是为了更好地推动贸易投资自由化便利化，因此贸易投资自由化便利化是APEC的核心使命。尽管APEC是论坛性质的区域经济合作组织，其成员数量较多，经济发展水平存在巨大差异，但在亚太地区推进贸易投资自由化便利化进程中起到积极作用。在实现自由化目标的具体步骤上，APEC 采取了区别对待的方式，开始通过单边行动计划和集体行动计划两种途径，落实各成员对贸易投资自由化的承诺。

APEC 一直致力于通过降低关税来推动各成员之间的贸易往来，推动区域经济一体化和自由贸易发展。在关税减让领域，1996 年至 2009 年间，13 个参评成员的关税水平显著下降，5 个发达成员的简单平均关税平均降幅达 38. 72%；8 个发展中成员除新加坡和香港为零关税外，其余 6 个成员的简单平均关税平均降幅为 36. 33%，加权平均关税平均降幅为 46. 94%。[①] 非关税壁垒削减也取得实质性进展。1997 年之后，各成员开始有计划地对非关税壁垒措施进行削减，一部分没有减少非关税措施的成员也在透明度方面有所改进。服务业自由化方面，服务业市场开放是贸易投资自由化便利化的重要内容，APEC 单边行动计划实施以来，大部分成员特别是发展中成员，通过消除市场准入限制、改善商业便利以及提供国民待遇和最惠国待遇，努力建立一个自由的、市场导向的、透明和开放的服务贸易体制。虽然一些特定服务部门的贸易自由化成效不大，但总体而言，大多数服务业自由化有较大的改观。在投资自由化方面，包括中国香港、新加坡、文莱等在内的一部分成员在投资领域已经相当开放，其余成员也在不断提高自由化程度。非歧视待遇问题上，大多数成员都提供最惠国待遇和国民待遇，只是在程度上稍有区别。在市场准入问题上，美国早已超越“非约束性投资原则”的推定，敏感行业中，成员已经使用最高股权限制。虽然部分成员在特定部门在投资资金比例要求、技术转让要求等方面仍存在对外资的管制措施，但 APEC 推动贸易投资自由化发挥了积极作用。

（二）东盟模式的发展进程

东亚地区自 20 世纪 80 年代开始进行经济合作，1997 年亚洲金融危

① 宫占奎主编：《亚太区域经济合作发展报告 2013》，高等教育出版社 2013 年版，第 156 页。

机后，东亚地区经济一体化进程提速。东亚经济共同体建设取得较大进展，东亚范围内建立起数量较多的双边和多边自由贸易协定，形成东盟10 + X 多边合作机制。

1. 东南亚国家联盟（Association of Southeast Asian Nations，简称东盟），成员包括10个国家，分别是文莱、柬埔寨、印度尼西亚、老挝、马来西亚、缅甸、菲律宾、新加坡、泰国、越南

东盟是东南亚地区以经济合作为基础的政治、经济、安全一体化合作组织。1992年，东盟提出建立自由贸易区，力争通过推进贸易自由化提高合作水平和加强经济一体化建设，增强东盟整体实力。2000年，东盟领导人同意将东盟国家视为一个经济体并在国际上采取整体行动，提高东盟的竞争力和实现地区一体化。2003年，第9届东盟首脑会议发表的《东盟第二协约宣言》宣布，将于2020年建成以安全共同体、经济共同体和社会文化共同体为三大支柱的东盟共同体。2010年，第17届首脑会议通过《东盟互联互通总体规划》。2013年，第22届首脑会议明确了确保2015年建成东盟共同体必须采取的具体措施和步骤。

在对外关系上，东盟积极开展多方位外交，有中国、日本、韩国、印度、澳大利亚、新西兰、美国、俄罗斯、加拿大、欧盟10个对话伙伴。随着经济实力的不断上升，东盟在地区事务中的影响力逐渐扩大。但东亚合作离不开区域内最具经济实力的中国、日本和韩国，20世纪90年代后期，在经济全球化浪潮的冲击下，东盟国家逐渐认识到启动新的合作层次、构筑全方位合作关系的重要性，并决定开展“外向型”经济合作。1994年，东盟倡导成立东盟地区论坛，就亚太地区政治和安全问题交换意见。1994年，东盟倡议召开亚欧会议，促进东亚和欧盟的政治对话和经济合作。东盟10 + X 多边合作机制源于1997年东盟与中日韩为应对东南亚金融危机而举行的“10 + 3”会议，2005年因澳新印加入演变成“10 + 6”的东亚峰会，进而在2011年因美俄的加入变成“10 + 8”。2011年，东盟提出“区域全面经济伙伴关系”倡议，旨在构建以东盟为核心的地区自贸安排。

2. 东盟与中日韩（10 + 3）合作，源于1990年时任马来西亚总理

马哈蒂尔提出的“东亚经济集团”设想

1995年，在泰国曼谷举行的东盟峰会提议举行东盟与中日韩领导人会晤。1997年，首次东盟与中日韩（当时是“9+3”，1999年柬埔寨加入东盟后成为“10+3”）领导人非正式会晤在马来西亚吉隆坡举行。会议主要议题包括21世纪东亚的发展前景、亚欧合作、亚洲金融危机、深化地区经济联系，以及在国际经济问题上进行协调与合作，正式启动东盟与中日韩合作进程。1999年第三次会议在菲律宾马尼拉举行，会议发表了《东亚合作联合声明》，确定了东亚合作的方向和重点领域。2000年第四次会议上提出进一步扩大合作的问题，并对建立《东亚自由贸易区》的可行性进行探讨。2004年在老挝万象举行的第八次“10+3”领导人会议，决定推动建立东亚共同体。2005年举行第九次“10+3”峰会和首次东亚峰会发表《吉隆坡宣言》，正式将东亚共同体作为东亚合作的长期目标，并且确定“10+3”领导人会议以“东亚自由贸易区”为目标，东亚峰会以“东亚全面经济伙伴关系协定”为目标，分别推进东亚共同体的进程。此后，“10+3”合作框架的执行机制日益明朗化，包括领导人会议、部长级会议和高官会议三个层次。“10+3”机制的长期目标也确定下来，即建立“东亚自由贸易区”和“东亚共同体”，合作范畴包括经济、安全和社会文化等领域，标志着“10+3”机制走向制度化轨道。近年来，“10+3”合作机制以经济合作为重点，逐渐向政治、安全、文化等领域不断扩展，已经形成多层次、宽领域、全方位的良好局面，大量双边或多边自由贸易协定和经济伙伴关系协定进入谈判、建立和生效阶段，区内贸易、投资、金融合作水平大幅提高。以“10+3”机制为主导，“10+1”“10+6”、金融合作机制以及其他各双边合作机制和制度建设也得到较快发展。

3. 东亚峰会（East Asia Summit，简称EAS）是“10+3”合作的扩展

东亚峰会的构想可以追溯到1990年关贸总协定乌拉圭回合谈判破裂，马来西亚时任总理马哈蒂尔提出建立包括东盟和中日韩在内的“东亚经济共同体”构想，这是东亚领导人第一次正式提出东亚地区合作的

概念。2000 年，马哈蒂尔在第四次“10 +3”领导人会议上提出东亚峰会的构想，得到新加坡时任总理吴作栋支持。2001 年，参加“10 +3”会议的东亚 13 国 26 位专家组成的“东亚展望小组”提出建立“东亚共同体”的报告。同年，“10 +3”领导人会议通过东亚展望小组报告，建议推动“10 +3”领导人一年一度的会议向东亚峰会过渡。2002 年第六次“10 +3”领导人会议通过《东亚研究小组最终报告》，“推动 10 +3 领导人会议向东亚峰会演变”是报告提出的九项中长期措施之一。在东盟的推动下，首届东亚峰会于 2005 年 12 月在马来西亚吉隆坡举行，东亚峰会由此启动。与会领导人提出 17 项具体领域合作倡议，签署了《关于东亚峰会的吉隆坡宣言》，明确指出将东亚峰会建立成为一个论坛，就共同感兴趣和关切的广泛的战略、政治和经济问题进行对话，目的是促进东亚的和平、稳定和经济繁荣。2007 年，在菲律宾宿务举行的东亚峰会上签署了《东亚能源安全宿务宣言》，提出东亚地区能源合作的具体目标和措施。2020 年，第 15 届东亚峰会在中国北京举办，通过了《东亚峰会领导人关于合作促进地区经济稳定增长的声明》等成果，强调各方应坚持多边主义，缓解疫情给经济带来的冲击，支持促进贸易跨境流通、畅通产业链供应链的举措，确保宏观经济和金融稳定，推进经济复苏进程。

东亚峰会现有 18 个参与国，其中东盟 10 国、中国、日本、韩国、印度、澳大利亚和新西兰是初始成员，俄罗斯和美国于 2010 年 10 月第五届东亚峰会加入，由“10 +6”扩大到“10 +8”。东亚峰会成员的总人口大约 37 亿，超过世界全部人口的 55%；GDP 总额大约 30 万亿美元，超过全球 GDP 的一半；国土面积 6600 万平方千米，接近世界陆地面积的一半，简单来说，一个东亚峰会就是半个世界。[①] 战略对话论坛的性质定位和东盟在其中发挥主导作用是东亚峰会的两大重要特征。东亚峰会作为东亚地区一个新的合作形式，致力于推动东亚一体化进程，

① 杨泽瑞：“亚太地区合作的新进展和中国面临的新挑战”，《跨太平洋伙伴关系协定与亚太区域经济一体化研究》，世界知识出版社 2013 年版，第 92 页。

东盟在其中将发挥主导作用，实现东亚共同体目标。它不仅成为推动东亚合作的大平台，也将成为连接太平洋和印度洋区域合作的大桥梁。

4.《区域全面经济伙伴关系协定》（Regional Comprehensive Economic Partnership，简称 RCEP）是目前亚太地区最重要的多边自由贸易协定之一

它覆盖的区域人口是欧盟的 5 倍以上，拥有全球近 50% 的制造业产出，是全球对外直接投资（FDI）的重要目的地和来源地，也是全球投资增长的主要源泉和制造业的动力源之一。① 从 2011 年 RCEP 缘起到 2020 年 11 月的正式签署，大致经历了三个发展过程。

2011 年至 2015 年是 RCEP 的起步推进期。RCEP 缘起于 2011 年 2 月在缅甸内比都举行的第 18 次东盟经济部长会议，该会议通过了组建 RCEP 的草案。2011 年 11 月，第 19 次东盟领导人会议正式批准组建 RCEP 的草案。2012 年 11 月，在柬埔寨金边举行的东亚领导人系列会议期间，东盟 10 国与中国、日本、韩国、印度、澳大利亚、新西兰 6 国领导人，共同发布《启动〈区域全面经济伙伴关系协定〉（RCEP）谈判的联合声明》，正式启动这一覆盖 16 个国家的东亚自由贸易区建设进程，这标志着东亚更大范围的经济一体化迈出关键性一步。2013 年 5 月 9 日，RCEP 第一轮谈判在文莱正式开启。该轮谈判成立货物贸易、服务贸易和投资 3 个工作组，并就货物、服务和投资等议题展开磋商。按最初设想，RCEP 谈判本应在 2015 年底结束。但由于各国经济发展水平差异很大、谈判议题分歧较大等因素，前期谈判进展较为缓慢。截至 2015 年底，RCEP 虽然举行了 10 轮谈判和 3 次部长级会议，但直至第 10 轮谈判才就货物贸易、服务贸易、投资等核心领域展开实质性磋商。

2016 年至 2018 年是 RCEP 的加速推进期。这期间，RCEP 举行了 2 次领导人会议和 14 轮谈判。2016 年 2 月，TPP 正式签署，促使 RCEP 成员国加速推进其谈判进程，10 天之后便在文莱开启了第 11 轮谈判，2016 年举行了 6 轮谈判。2017 年 1 月，特朗普政府宣布美国退出 TPP。

① 张天桂：“RCEP：特点、问题与前景”，《国际展望》2021 年第 2 期，第 121 页。

随后，特朗普政府开始利用双边谈判争取美国利益最大化，并使用多种政治经济手段向谈判对手施压。为应对美国的经济制裁，RCEP 成员国进一步加快推进其谈判进程。2017 年 11 月，首次 RCEP 领导人会议在菲律宾马尼拉召开。2018 年 11 月，第二次 RCEP 领导人会议在新加坡召开，各国领导人肯定当年 RCEP 谈判取得的实质进展，就争取于 2019 年结束谈判达成一致。

2019 至 2020 年是 RCEP 的冲刺推进期。这期间，RCEP 再次举行了 2 次领导人会议和 7 轮谈判。2019 年 8 月，RCEP 部长级会议首次在北京举行。此次会议在市场准入和规则谈判方面均取得重要进展：超过 2/3 的双边市场准入谈判顺利结束；新完成金融服务、电信服务、专业服务 3 项内容。2019 年 11 月，第三次 RCEP 领导人会议在泰国曼谷举行，与会领导人在会后发表联合声明，宣布 RCEP15 个成员国结束全部 20 个章节的文本谈判及实质上所有市场准入问题的谈判，并致力于 2020 年签署协定。2020 年 11 月，东盟 10 国以及中国、日本、韩国、澳大利亚、新西兰共 15 个国家，正式签署区域全面经济伙伴关系协定（RCEP），标志着全球规模最大的自由贸易协定正式达成。

RCEP 是一个全面、现代、高质量、互惠互利的自贸协定，是目前全球体量最大的自贸区，区域内经贸规则的“整合器”。宏观层面，RCEP 自贸区整合了缔约国之间已经存在的 5 个“10 + 1”自贸协定，将显著提高区域内的贸易投资水平，带来巨大经济效益。微观层面，RCEP 协定的内容条款比较契合发展中成员国的实际情况，对一些关键领域进行了较为灵活和创新的安排，有利于区域内的资源优化配置和产业转移升级。

三、TPP 的缘起

20 世纪 90 年代以来，双边贸易协定和区域贸易协定如雨后春笋般急剧增加。据统计，从关税总协定成立到 1990 年近半个世纪的时间内，全球的自由贸易协定（Free Trade Agreement，简称 FTA）合计不足 100

个，但这一数字到2013年时已经增至600个，去除一些失效的，现阶段在全球范围内仍有效的FTA有379个。[①] 这种全球范围内兴起的“新地区主义”现象的产生，是与全球范围的贸易自由化谈判陷入僵局息息相关。

2001年美国提出“竞争性自由化”政策，旗帜鲜明地宣称美国应在全球、地区及双边三个层次推进FTA谈判，以刺激他国为避免贸易损失转而积极寻求与美国或其他国家签署新的FTA，意图借此促进国际贸易自由化的发展。[②] 在此背景下，各种FTA和区域贸易协定（Regional Trade Agreement，简称RTA）成为经济全球化和区域一体化过程中的佼佼者，蕴含的基本逻辑是WTO因成员过多，而且各成员之间经济、社会发展极不均衡导致谈判一波三折。相比之下，FTA和RTA的范围较小，而且主要成员更容易发挥主导性，谈判的难度随之大为降低，因此在全球范围内短期难以达成的协议内容可以通过FTA和RTA在小范围率先实现。随着FTA和RTA的不断发展，在取得成果的同时全球多边自由贸易谈判中的难题也正在阶段性地解决和突破。

此外，FTA和RTA中不同的优惠待遇和原产地原则，又使全球多边自由贸易协定容易出现“意大利面碗效应”。具体来说，现在的FTA和RTA都以“封闭性”为特征，即在成员和非成员之间提供具有歧视性的优惠待遇，协议规定的最惠国待遇只适用于成员，而非成员无法享用。这种情况下，所谓的最惠国待遇实际已经偏离了WTO的原则。

美国在亚太地区战略构想的重点之一即是在亚太地区建立由其主导的亚太自由贸易区（Free Trade Area of the Asia－Pacific，简称FTAAP）。1989年11月，在澳大利亚堪培拉举行亚太经济合作会议首届部长级会议，标志着亚太经合组织（Asia－Pacific Economic Cooperation，简称

---

① ［日］浦田秀次郎：《世界と日本にとつてのTPP》，日本经济新闻出版社2013年版，145页。

② Robert. B. Zoellick, “Free Trade and Hemispheric hope”, Remark before the Council of the Americas, Washington D. C., May 15, 2001.

APEC）的成立。贸易自由化是 APEC 发展的主要方向。[①] 1994 年 11 月在印度尼西亚茂物召开的 APEC 第六届部长会议和第二次领导人非正式会议，提出“发达成员在 2010 年，发展中成员在 2020 年分别实现贸易和投资自由化”这一著名的茂物目标，APEC 成员国领导人共同做出实施部门自愿提前自由化（Early Voluntary Sectoral Liberalization，简称 EVSL）的决定。TPP 兴起前，美国大力推动 APEC，以实现在亚太地区的贸易主导权。而自 APEC 成立至今，虽然在推动 FTAAP 建设上取得巨大成就，但因其本身即为一个松散的多边自由贸易协定，各成员国对于集体制定的目标可根据自身情况做出调整，无法保证预期效果的实现，在一定程度上制约了 FTAAP 的发展。APEC 的制度性缺陷即非约束性、一致性原则，限制了 APEC 的谈判功能，加之 2008 年金融危机的爆发，茂物目标实现的可能性几成泡影。

“坚持开放的多边贸易体制和减少区域性贸易壁垒”是亚太地区国家追求贸易与投资自由化和便利化的目标，也是 APEC 确立的宗旨。EVSL 失败后，APEC 的部分成员积极开始探讨小范围的自由化（APEC－X），试图以此为途径推动“茂物目标”的实现和更广泛的亚太地区自由贸易。2002 年 10 月，新西兰、智利、新加坡等三国领导人首先在墨西哥 APEC 峰会上就缔结 FTA 举行了谈判。2005 年 7 月 18 日，新加坡、新西兰和智利领导人签订了《跨太平洋战略经济伙伴关系协定》（Trans－Pacific Strategic Economic Partnership Agreement，简称 TPSEP）。2005 年 8 月 2 日，文莱作为创始成员国签署协议，该协议创始国变为四个，该协议也称为“P4 协议”。同日，有约束力的 TPP《环境合作协定》和《劳工合作备忘录》签署。追根溯源，TPP 最早曾是美国提出的一个倡议。1998 年由于亚洲金融危机的打击和 EVSL 计划的失败，APEC 的成员积极转向双边自由贸易协定。美国主导 APEC，是想撬开整个亚太区域市场。在此背景下，时任美国贸易代表的巴尔舍夫斯基在

① ［日］山泽逸平：《亚洲太平洋经济论：21 世纪 APEC 行动计划建议》，上海人民出版社 2001 年版，第 77 页。

1998 年 11 月 APEC 峰会期间，非正式地倡议成立“太平洋五国自由贸易区协定”（Pacific 5 FTA agreement，简称 P5），旨在加速亚太地区贸易自由化的进程。它由美国、新加坡、新西兰、澳大利亚和智利等国组成，美国计划将其打造成 APEC 的核心集团。

TPP 的 4 个创始国均属于小型开放经济体，彼此不是重要的贸易伙伴，它们之间达成 FTA 由以下因素决定。首先，该协定的政治性质决定了谈判的达成。协定将 4 个创始国与亚太地区这一概念紧密联系，实现了跨太平洋的地理属性。其次，协定反映了 4 个创始国对自由贸易理念的推崇，也是对 APEC 框架贸易自由化进展缓慢的强烈反应。再次，协定强调了开放性，未来欢迎更多国家加入 TPP，以实现本地区的贸易增长和福利提高。TPP 的生命力在很大程度上取决于成员国的扩展。最后，TPP 的目标是试图建立一个高标准的 FTA，超过目前存在的多边、区域和双边 FTA，是某些新领域的探索和尝试。

随着 1999 年 WTO 西雅图谈判失败，全球掀起一股声势浩大的反对全球化和自由贸易的浪潮，促使克林顿政府把更多的精力放在维护美国在全球多边贸易体制中的利益上去。小布什上台，又因为“9·11”事件的发生，美国政府将重点转向反恐，无暇他顾，最后仅由新西兰、新加坡和智利三国继续推动这一贸易自由化进程。① 2002 年 10 月，新西兰、新加坡和智利三国首先在墨西哥 APEC 领导人非正式会议期间启动了“太平洋三国更紧密经济伙伴协定”（简称 P3）谈判。2005 年 4 月，文莱参加谈判，并于同年 7 月签署协定。P4 协定于 2006 年 5 月 28 日正式生效，这是四国就货物、贸易、知识产权贸易和投资等相关领域给予互惠的经济合作协定。它们希望通过深化贸易、投资等领域的合作来强化四国之间的经贸关系，其目标是各成员在 10 年左右的时间内无一例外地取消所有商品的进口关税，实现真正的贸易自由化。

按照 P4 协定，在条约生效时，智利 89.53% 的商品免除关税，文

① 樊勇、沈陈：“TPP 与新一轮全球贸易规则制定”，《国际关系研究》2013 年第 5 期，第 4 页。

莱92%，新西兰是96.5%，新加坡则达到100%。而关于各国最终实现贸易自由化的时间，新西兰和文莱是2015年，智利是2017年，届时四国中除文莱取消99.2%的商品关税之外，其余三国都实现全面取消关税。其文件主要包含协议正文（20章）、4个附件（关税减让表、特定原产地原则、服务减让表和投资保留）、2个补充协议（《环境合作协定》《劳工合作备忘录》）和其他附属文件等。

表1—2 TPP协定主要文本目录一览

条目	内容	条目	内容
前言		第十二章	服务贸易
第一章	最初规定	第十三章	临时入境
第二章	定义	第十四章	透明度
第三章	货物贸易	第十五章	争端解决
第四章	原产地规则	第十六章	战略伙伴关系
第五章	海关程序	第十七章	管理与制度条款
第六章	贸易救济	第十八章	一般条款
第七章	卫生和植物卫生措施	第十九章	一般例外
第八章	技术性贸易壁垒	第二十章	最终条款
第九章	竞争政策	补充协议	环境合作协定
第十章	知识产权	补充协议	劳工合作备忘录
第十一章	政府采购	其他	新西兰和智利政府采购的附函；卫生和植物卫生措施执行安排、战略合作执行安排；交换文莱加入TPSEP的附函；交换技术性贸易壁垒的附函

资料来源：《跨太平洋伙伴关系协定（TPP）重要文献集》，复旦大学金砖国家研究中心，2013年版，第2页。

中国学者樊勇明认为，P4协定为TPP奠定了“高标准”的基础，主要体现在以下三个方面：首先，从正文文本可以看出，这是一个全面的自由贸易安排，所涵盖的内容非常广泛，包括货物贸易、原产地规则、海关程序、贸易救济、卫生与植物卫生措施、技术性贸易壁垒、竞争政策、知识产权、政府采购、服务贸易、临时入境、透明度、争端解决机制、战略伙伴关系、管理与制度条款、总则、一般例外等。其次，从 P4 附件也可以看出这是个高质量的自由贸易协定。如在市场准入方面，P4 要求成员国在 10 年内分阶段完成全部贸易货物的零关税，并列出各国的关税减让表；在服务贸易领域采取负面清单的高开放水平。这种零关税的目标也是当前 TPP 谈判的焦点。最后，P4 还签署了两份补充协议《环境合作协定》《劳工合作备忘录》，这些内容后来都演变成 TPP 的环境条款和劳工条款。① 除了"高标准"外，P4 协定还具有跨度大、网络化、开放性及时代性等四个特点。② P4 成员是市场开放程度较高、外贸发达的国家，并通过 FTA 网络与外部市场的广泛联系。其中以新加坡和智利最为突出，两国是全球范围内缔结 FTA 最多的国家，形成以本国为轴心，横跨范围广阔的 FTA 网络。与其他封闭的 FTA 不同，P4 协定专门设立了开放条款，明确欢迎亚太地区其他经济体的加入。

P4 协定是 APEC 一小部分成员开始在亚太地区贸易自由化道路上的尝试，采取 21 减 X（"21 - X"）的办法，让愿意先走一步的成员通过自愿谈判组成 APEC 区域内的小自由贸易区，以推动茂物目标的实现。③ 这与美国的主张实际上比较接近，然而 P4 的经济规模偏小，2009 年四国人口总计为 2465 万，GDP 总和仅占世界的 0.8%，贸易额所占比重也只有 2.2%，在国际贸易体系中并不显眼。④ 中国学者盛斌

① 樊勇明："关于选编《跨太平洋伙伴关系协定（TPP）重要文献集》的若干说明"，《跨太平洋伙伴关系协定（TPP）重要文献集》，复旦大学金砖国家研究中心，2013 年版，第 2 页。

② 陆建人："美国加入 TPP 的动因分析"，《国际贸易问题》2011 年第 1 期，第 43—44 页。

③ 蔡亮：《日本 TPP 战略研究》，时事出版社 2016 年版，第 28 页。

④ "World Economic and Financial Surveys: World Economic Outlook Database", http; //www.imf.org/external/pubs/ft/weo/2009/10/weodata/index.aspx.（上网时间：2017 年 9 月 30 日）

认为，P4 协定的签署反映了“意愿相投”的开放经济体对自由贸易理念的信奉和践行，也是它们对 APEC 框架下贸易自由化缓慢的一种强烈反应。而它能否有持久的生命力在很大程度上取决于成员的扩展。①

在 TPP 起步的同时，美国试图以 FTAAP 为契机重新推动 APEC。2006 年，美国总统小布什在越南峰会上提出 APEC 需要以 FTAAP 作为目标，但是并未得到大多数成员国的积极回应。2008 年 9 月 22 日，美国宣布将要全面参加 TPP 谈判，但是由于需要国会授权，加之国内正忙于总统选举，美国直到 2009 年才迈出实质性一步。2009 年 11 月 14 日，美国总统奥巴马在亚洲之行中正式宣布美国将参与 TPP 谈判，强调将以此促进美国的就业和经济繁荣，为设定 21 世纪贸易协定标准做出重要贡献，要建立一个高标准、体现创新思想、涵盖多领域和范围的亚太地区一体化合作协定。2010 年 3 月，TPP 举行第一轮扩大成员后的谈判，美国、澳大利亚、越南、秘鲁 4 个申请国加入 TPP 谈判。同年，马来西亚加入谈判。TPP 谈判实现了由 P4 向 P8 的转变，并呈现亚太地区参与国家进一步扩大的趋势。

四、TPP 的谈判历程

围绕 TPP 谈判，经历了美国对东亚地区合作形式、框架的认识和对策的变化过程。自美国加入并主导 TPP 之后，TPP 得到迅速发展。因此，美国的谈判动向是划分 TPP 发展阶段的重要节点。2011 年奥巴马在亚太经合组织会议上宣布要将 TPP 建成“21 世纪的高水平贸易协议”，为国际贸易制定下一代的规则，这是划分奥巴马政府主导 TPP 谈判的重要时间节点，以此来划分 TPP 的发展阶段。

（一）TPP 的发展壮大阶段（2010—2011 年）

随着美国加入并主导 TPP 谈判，TPP 成员国数量和规模发展进入快

---

① 盛斌：“美国视角下的亚太区域一体化新战略与中国的对策选择——透视‘泛太平洋战略经济伙伴关系协议’的发展”，《南开学报（哲学社会科学版）》2010 年第 4 期，第 71 页。

车道，短时间内在国际社会引起广泛关注。TPP 谈判内容分为两大类：一是如知识产权保护规则等需 12 个成员国共同商议决定的领域；二是如某类商品进口关税减免等双边磋商领域。

2010 年 3 月 15 日，TPP 首轮谈判在澳大利亚墨尔本举行。美国、智利、秘鲁、越南、新加坡、新西兰、文莱和澳大利亚 8 个成员国参加谈判。此次谈判涉及关税、自由贸易壁垒、电子商务、服务和知识产权等议题。会议达成建立面向 21 世纪高标准、全面自由贸易协议的共识，并承诺以开放姿态欢迎任何 APEC 成员和非成员参与。

2010 年 6 月，TPP 第二轮谈判在美国旧金山举行。参与谈判的各个成员国对自由贸易协定和 TPP 之间的矛盾进行了讨论，提出相关的市场准入制度和步骤、可行的监管机制，特别是给予中小企业公平的竞争平台、相关的优惠政策和一系列的技术出口等。这次谈判同时还明确了新成员加入的规则，就是参与国需要与 TPP 每个成员国讨论相关的贸易规则等。

2010 年 10 月，TPP 第三轮谈判在文莱举行。马来西亚加入 TPP 谈判，成为第九个成员国。谈判期间，会议分为 24 个协议小组逐个进行讨论，在市场准入、知识产权、环境等领域取得一定进展。

2010 年 12 月，TPP 第四轮谈判在新西兰奥克兰举行。谈判小组对于削减关税、非关税壁垒、市场准入以及知识产权、通关手续、商务活动、劳务、贸易的技术壁垒、政府采购、竞争政策、投资、卫生植物检疫措施、原产地规则、服务贸易、环境、电子商务等议题进行了全方位的讨论和谈判。

2011 年 2 月，TPP 第五轮谈判在智利圣地亚哥举行。此次谈判重点讨论了如何免除农业领域的关税。撤销农业关税将有效扩大各成员国农产品的输出，促进农产品自由贸易，美国在此领域具有绝对优势地位。

2011 年 4 月，TPP 第六轮谈判在新加坡举行。谈判主要内容有产品、服务、投资和政府采购等方面，同时讨论了怎样使 TPP 成为一个具有灵活多样性的贸易组织，使得新加入的成员能够更好适应组织的发展和规则。

2011 年 6 月，TPP 第七轮谈判在越南胡志明市举行。谈判主要内容包括知识产权、电信通讯、通关手续、环境等方面的问题，特别是对于横向议题，各成员国一致认为通过讨论和协商的形式进行，以达到最终平衡。大会还针对服务、投资、政府采购和原产地规则等进行了讨论和协商，最终达成一致意见。

2011 年 9 月，TPP 第八轮谈判在美国芝加哥举行。谈判在海关通关、动植物检验检疫、技术性贸易壁垒和政府管理等内容上取得实质性进展。美国代表还提出与制药业相关的专利问题白皮书，澳大利亚提出地区内更高的市场准入认可，承诺关税递减和简单可行的原产地规则标准。

2011 年 10 月，TPP 第九轮谈判在秘鲁利马举行。会议主题是把 TPP 建设成为一个具有高水准的国际影响力的协议组织。谈判中美国提议限制政府对国有企业的扶持，避免国企凭借着政府特惠待遇和补贴在与私营企业的竞争中占优。此次谈判是美国复苏战略的一部分，这一战略旨在确保美国的私营企业及竞争的经济模式继续成为全球经济标准。

（二）TPP 谈判的最后扩容期（2012—2016 年）

2012 年 10 月 8 日，墨西哥经济部宣布，墨西哥已完成相关手续，正式成为 TPP 第十个成员国。墨西哥经济部指出，跨太平洋伙伴关系协定是有国际影响力的贸易组织，加入该协定为墨西哥参与亚太地区经济事务提供了平台，为墨西哥出口打开了新的机遇之门，也有利于发挥墨西哥在全球供应链中的作用。2012 年 10 月 9 日，加拿大文化遗产部部长詹姆斯·摩尔代表国际贸易部长法斯特在温哥华宣布，加拿大将正式加入 TPP，成为 TPP 第十一个成员国。2013 年 3 月 15 日，日本首相安倍晋三宣布日本正式加入 TPP，成为 TPP 第十二个成员国。

2011 年 12 月，TPP 第十轮谈判在马来西亚吉隆坡举行。此轮谈判采取小范围谈判和双边会议模式，对包括原产地规则、服务、投资、知识产权、农产品和纺织品关税方案等进行谈判。谈判缩小了法律文本和市场准入问题的差距。

2012 年 3 月，TPP 第十一轮谈判在澳大利亚墨尔本举行。虽然仍有部分议题未达成一致，但谈判在环境、竞争、政府采购、法律和监管、知识产权和动植物卫生检疫等方面取得突破。

2012 年 5 月，TPP 第十二轮谈判在美国得克萨斯州达拉斯举行。TPP 的 9 个成员国就取消关税、知识产权等问题进行了谈判。

2012 年 7 月，TPP 第十三轮谈判在美国加利福尼亚州圣迭戈举行。会议在服务贸易、海关程序、竞争、动植物检疫合作与培训等方面取得进展，相关部分已进入技术谈判最后阶段。

2012 年 9 月，TPP 第十四轮谈判在美国弗吉尼亚州利斯堡举行。会议仍在上轮有关政府采购、工业品、农业、纺织品等方面市场开放问题进行讨论。

2012 年 12 月，TPP 第十五轮谈判在新西兰奥克兰举行。会议就知识产权、跨境服务贸易等内容深入磋商，澳大利亚和新西兰两国着重强调了彻底削减农产品关税的重要性，呼吁各国进一步消除有关食品和农产品的贸易壁垒。

2013 年 3 月，TPP 第十六轮谈判在新加坡举行。会议在监管一致性、电信、关税和开放等议题取得进展，而服务、电子商务、动植物卫生检疫措施、技术性贸易壁垒和政府采购等方面的谈判仍需继续，知识产权、环境、竞争和劳工等复杂领域还需深入思考。

2013 年 5 月，TPP 第十七轮谈判在秘鲁利马举行。谈判在卫生和职务检疫措施、贸易保护、电子商务、跨境服务等方面取得进展，但知识产权、环境和竞争等方面仍有诸多挑战。

2013 年 7 月，TPP 第十八轮谈判在马来西亚哥打京那巴鲁举行。会议就投资、市场准入、电子商务、环境、政府采购等多个议题展开磋商。

2013 年 8 月，TPP 第十九轮谈判在文莱举行。日本首次全程参与谈判。日本的加入给本就相对复杂的多边关系带来新挑战，在农业保护政策上引起分歧。谈判成员国表示 2013 年年底无法完成 TPP 谈判。

2014 年 5 月，TPP 第二十轮谈判在新加坡举行。TPP 最大的两个成员国美日在关税协定等主要领域有较大分歧，TPP 谈判陷入胶着状态。

2015 年 6 月，美国总统奥巴马在白宫签署国会两院一致通过的贸易促进授权法案，以加快 TPP 谈判进程。

2015 年 7 月，TPP 第二十一轮谈判在美国夏威夷举行。本轮谈判的目标是完成谈判，但包括日美汽车业的市场准入、加拿大国内农业市场、药品专利等问题未达成一致意见，谈判目标几成泡影。

2015 年 10 月，TPP 第二十二轮谈判在美国亚特兰大举行。美国贸易代表迈克尔·弗罗曼宣布，美国、日本、澳大利亚等 12 个国家成功结束 TPP 谈判，达成 TPP 贸易协定。2016 年 2 月 4 日，12 个成员国在新西兰奥克兰正式签署 TPP。

（三）美国退出 TPP（2017 年至今）

TPP 需要各国立法部门（国会、议会）批准通过，但由于美国内部分歧较大，加之民主、共和两党总统候选人均表示反对，掌控国会参众两院的共和党高层对部分条款不满意，TPP 在奥巴马任内获得国会批准的前景非常黯淡。2016 年 11 月 11 日，美国参议院议长米奇奥康纳宣布，奥巴马主导的 TPP 计划被正式搁置。奥巴马政府宣布，不会在任期之内推动 TPP 在国会获得通过，交由下一任总统决定。

2017 年 1 月 20 日，美国总统特朗普就职当天宣布美国将退出 TPP。2017 年 1 月 23 日，美国总统特朗普在白宫签署上任后的首份行政命令，正式宣布美国退出 TPP。

第二节　影响美国对 TPP 认知的因素

TPP 作为亚太区域贸易协定之一，虽然不是由美国提出和建立，却在美国的参与及主导下发展迅速，也随着美国的退出发生了偏离原定轨道的改变。从奥巴马政府到特朗普政府，影响美国对 TPP 认知的因素比较复杂，与美国的政治理念、安全战略、国家利益、国内政治以及国际环境变化等息息相关，最终导致美国由加入、主导直至退出的转变。

一、影响美国对 TPP 认知的政治理念因素

意识形态和对外政策信念解释了美国人怎样看待这个世界，限定了决策过程可采用的政策选择。[①] 美国是当代世界意识形态色彩最强的国家之一。美国的外交理念是在其宪法框架与宪政结构的制约下逐渐形成的，呈现为一种围绕美国例外论（“上帝的选民”“天赋使命”“美国霸权论”等）与普世价值观（民主、自由、平等、法治等）的对立复合、现实主义与理想主义的交织发展。从表面上看，美国是一个多元的国家，存在截然不同甚至对立的思想和信仰。但从根本上看，美国是经典自由主义占主导地位的国家，美国自由主义是美国价值观及政治理念的核心部分，也是美国政治思想的传统之一，在多元的美国政治文化中得到普遍认同。

（一）美国自由主义的原则、特点与影响

自由主义经历了一个复杂多变的历史过程，从自由主义鼻祖约翰·洛克、孟德斯鸠和亚当·斯密的思想家理论为起源，发展到托克维尔和约翰·穆勒，再到约翰·杜威和约翰·凯恩斯，一直发展到当代的弗雷德里克·哈耶克和约翰·罗尔斯等不同背景、不同动机的思想家理论。学术界对自由主义的起源和若干原则具有很大程度的共识，因此从自由主义的基本原则入手可以发现美国自由主义的含义和特点。

1. 自由主义意识形态的基本原则

首先，自由主义是关于个人、社会与国家的哲学理论。在这方面，自由主义坚持个人主义立场，所强调的是个人的尊严、平等、价值与权利；强调个人应该得到最高的尊重，享有某种基本的、不可剥夺的权利；强调社会的法律、政治与经济制度应该贯彻和实现这些个人主义原

---

① ［美］杰里尔·A. 罗赛蒂著，周启鹏、傅耀祖等译：《美国对外政策的政治学》，世界知识出版社 1997 年版，第 362 页。

则；坚持“每一个个体的人本身就被视为目的而不是增进他人利益的手段”。[①] 其次，在政治层面，自由主义强调的是有限政府、分权制衡、代议制民主、法治和宪政，或可称之为政治自由主义。政治自由主义影响了美国人对一个国家的整体性质与其国际行为之间关系的看法。再次，在经济层面，自由主义主张自由市场经济，强调财产权、市场经济和自由企业制度与国家较少对经济的干预和控制，可称之为经济自由主义。亚当·斯密是首个阐述经济自由主义思想的学者，当代最著名的代表人物是米尔顿·弗里德曼。经济自由主义的基础是个人主义，在市场经济法则通过市场这只看不见的手的指导下，即通过市场机制自发作用调节导致良性的经济结果。市场需要清除那些给追求个人利润最大化的资本所有者带来不便的种种行政的或政治的障碍，政府不应该干预个人对自我利益的追求。最后，在社会层面，自由主义从强调个人的尊严和基本权利出发主张社会主义，关注弱势群体的权益。在经济领域，改革的自由主义仍然坚持市场理论，但是接受国家对经济进行一定程度的干预和管制。这一思想经常与自由放任的自由主义发生冲突，后者在美国的语境中一般被称为“保守主义”。[②]

2. 美国自由主义的特点

17 世纪以来，自由主义从英国逐渐扩展到整个西方世界，成为西方世界占主导地位的意识形态。美国虽然没有以自由主义命名的政党，但共和、民主两党都是自由主义政党，两党的分歧不是自由主义与欧洲意义上的保守主义的分歧，而是自由主义不同原则和不同方面的分歧。

美国自由主义包括以下特点：一是美国人信奉的自由主义意识形态的主要来源是约翰·洛克的思想，其中自然权利、私有财产和有限政府思想在美国深入人心。个人是第一位的，是本源和目的，社会和国家是第二位的，是派生和手段。二是美国对自由主义最大的贡献是宪政主义

① J. Salwyn Schapiro, *Liberalism: Its Meaning and History*, New York: D. Van Nostrand Co., 1958, p. 9.

② James P. Young, *Reconsidering American Liberalism: The Troubled Odyssey of the Liberal Idea*, Westview, 1996, p. 7.

或者说自由主义的法制化，而法制化的同时也造成自由主义的常识化。[①] 自由主义法制化和常识化不仅影响了美国人的日常行为和对政治的基本看法，也塑造了美国人对外交与国际问题的理解，他们更倾向于从自由主义的角度观察和思考国际问题和外交事务。三是对财产权的高度珍视和对自由企业制度的坚定信奉。相较于欧洲自由主义的演进而言，美国的自由主义比较保守，恪守古典自由主义的基本原则，缺乏社会民主主义的传统。因此，美国实际上是发达国家中最经典的自由主义政体，欧洲所称的自由主义在美国指的是保守主义，强调自由放任，反对大政府和福利国家。美国的保守主义者要保守的是洛克的自由主义哲学，所谓的左翼和右翼不过是自由主义的不同变种。

3. 自由主义在美国社会的地位

美国是一个多元社会，但自由主义是在美国社会居于主导地位的价值规范，得到美国政治文化的普遍接受和认同。美国是一个典型的中产阶级社会，而中产阶级信奉的是自由主义价值观。因此，美国是压倒性的单一阶级社会，大多数人拥有一套共同的中产阶级、资本主义和民主的价值观和信仰。[②]美国无论是激进还是保守的思潮，都没有超过哈茨所说的自由传统，都是在经典自由主义范围内强调某一方面。自由主义作为美国占主导地位的意识形态，决定了美国人对基本社会、政治与经济问题的看法，如社会进步的方式、稳定政治秩序的来源、合法政治权力的起源、历史演变的规律以及合理的经济发展模式等，这些基本问题又将影响外交及国际问题的理解。美国的外交目标和实现目标的手段以及构建国际秩序等问题的看法和实践正式构成美国对外关系中的自由主义取向。自由主义理念根植于美国的早期历史和政治文化，是美国主流外交理念的体现。美国的政治意识形态所要求的价值观与理想对外交行为的影响要大于大多数其他国家。美国民主政治和外交决策机制使美国

---

① 王立新：《意识形态与美国外交政策》，北京大学出版社2007年版，第100页。

② SW Hook, JW Spanier, *American Foreign Policy since World War II*, F. A. Praeger, 1965, p. 6.

的外交决策比其他国家更容易受到公众舆论的影响。一般来说，一个人离政策制定和实施过程越近，具有的与外交事务相关的专业知识能力越强，就越关注保护现实的国家利益而较少关注意识形态；而与外交政策关系较遥远的大众则具有相对较强的意识形态取向。[①] 美国上百年的政党政治实践中，尽管两党倾向的外交理念存在差异，但自由主义所倡导的自由、民主与人权等价值观却能够最大程度地体现美国主流政治哲学，也能最大限度地得到民众在对外政策方面的共鸣，因此得到两党的一致认同。此外，美国作为超级大国比其他小国更能成功抵制国际体系的影响。一般来说，国际社会的无政府状态驱使民族国家在国际社会中倾向于追求利益而不是意识形态，而大国受国际体系和外部环境的约束往往较少，更有条件在外交中注入意识形态因素和推行某种道德理想。

（二）美国新自由主义与新保守主义

新自由主义和新保守主义是美国当下主流的政治思潮，对美国的政治、经济、社会生活及国际社会产生了重要的影响。从渊源上看，两者是传统自由主义的两个分支。民主党具有新自由主义的倾向，而共和党有新保守主义的倾向。新自由主义产生于古典自由主义的衰落和凯恩斯“国家干预主义”的兴起，它的实质主要体现在对古典自由主义的复兴，以及对凯恩斯主义的反思和批判精神。它保守的是“古典自由主义的市场经济”和“个人的自由”。新保守主义最早出现在20世纪60年代末，其宗旨是阻止美国违背传统自由主义的发展方向。新保守主义反对一切激进主义和以未来为目标的激进社会改革，它的实质是对传统保守主义的继承和创新及对保守自由主义的吸收和借鉴，它保守的是既定的社会秩序、传统道德观和文化传统。因此，新自由主义更看重个人和自由市场经济，新保守主义更看重社会秩序和传统道德文化。20世纪90年代，新保守主义已经成为美国外交思想界最重要的流派之一。新保守主

---

① Levi, “Ideology, Interest, and Foreign Policy”, *International Studies Quarterly*, Vol. 14, No. 1, March 1970, p. 29.

义在共和党居于主导地位，直接或间接地影响美国的外交和防务政策。

政治观方面，新自由主义和新保守主义在自由与秩序谁为第一性问题上存在根本分歧。新自由主义倡导放任的自由，尤其是经济自由。经济秩序是建立其他秩序的基础，只有有序的经济秩序才能保障其他方面井然有序。新自由主义反对政府对经济和社会生活的干预。新保守主义强调社会秩序的重要性，秩序高于自由的地位。政府职能方面，新自由主义和新保守主义都赞成把政府的职能限制在宪法规定的范围内，但新自由主义对宪法做较宽的解释，主张扩大政府的权限；新保守主义则对宪法作较严的解释，强调个人自由和自主，反对扩大政府的权限。[①] 经济方面，新自由主义虽然崇尚市场经济，但主张政府对经济加强干预。政府需在管理经济活动、重新进行财富分配、扩大对中产阶级和底层群体的援助中发挥积极作用，更为重视社会的变革和平等。新保守主义主张自由企业和经济自由的经济政策，政府在市场方面发挥有限的作用，予以企业更大的自由空间，反对向财富阶层征收重税及对底层群体提供高于基本保障安全网以外的援助。

国际战略方式方面，新自由主义和新保守主义都以维护美国在世界的霸权和领导地位为战略目标，两者的差异性体现在方式的选择上，即是合作还是单边。新自由主义者认为最重要的不仅要解决东西方冲突，也要解决美国同盟国之间的问题以及南北问题，强调通过国际合作实现上述目标。在经济战略上，新自由主义鼓吹经济自由化和全球化，认为经济全球化不仅有利于美国经济制度在全球的确立和推广，而且有利于美国的价值观在世界范围传播直至同化。新自由主义者认为经济全球化是维护美国国际秩序领导者的重要方式，积极推动建立合作机制、组织和平台。新自由主义者尤其重视国际组织在协调全球事务和促进全球化进程中的作用，强调建立规则和共识，以达到增强美国经济实力和实现经济战略目标的目的。新保守主义具有强烈的意识形态色彩，主张美国

① 彭春艳、郭韬杰、徐进：“美国的自由主义与保守主义”，《解放军外国语学院学报》，1999年第4期，第112页。

例外论，信奉美国优越论和向全世界传播美国价值观的使命论，强调通过美国实力来实现上述目标，合作居于次要位置。新保守主义重视美国的超级大国地位，坚持美国利益至上，重视国家实力尤其是军事实力，认为实力是美国领导世界最重要的条件。新保守主义将安全问题置于美国全球战略的核心地位，倾向单边主义的外交政策，重视美国在国际事务中的行动自由，主张避免多边主义可能带来的束缚。新保守主义把安全问题置于美国全球战略的核心。后冷战时代美国面临的威胁来自于两个方面：一方面是未来大国崛起的挑战，而中国被视为最有可能对美国构成威胁的国家；另一方面是大规模杀伤性武器的扩散。

新自由主义和新保守主义在政治观、政府职能、经济、国际战略等方面有明显的区别，但两者的终极目标一致，即维护美国资本主义制度和国家利益。

二、影响美国对 TPP 认知的安全战略因素

冷战结束以来，国际政治的主要内容从高级政治转向低级政治，国际经济政策在美国全球战略中的地位上升。美国政治学家塞缪尔·亨廷顿认为，国家利益源于国家认同，现在更需要的不是寻求权力去实现美国的目的，而是应先确定美国的目的，然后决定如何使用权力。作为当今世界唯一的超级大国，美国以追求全方位的世界霸权为战略目标。美国霸权可分解为政治霸权、经济霸权、军事霸权和科技文化霸权。政治霸权方面，美国是最大的发达国家，虽然面对诸强的挑战，但仍在国际上占据话语权。军事霸权方面，美国是世界第一军事大国，拥有总体实力最为强大的军队，在军事科技水平、作战装备、实战经验等多方面拥有绝对优势。科技文化霸权方面，美国的科技创新能力和知识产权拥有数量位居全球第一，由文化、意识形态、机构、机制等无形资源构成的软实力发挥出越来越大的影响力。① 美国的经济霸权相对衰落，成为能

① ［美］约瑟夫·奈著，何小东等译：《美国定能领导世界吗》，军事译文出版社 1992 年版，第 2 页。

否稳固世界霸权的变量。美国仍是世界经济实力最强的国家，并将在未来相当长一段时间保持领先优势。然而，即使美国经济实力依旧强劲，其经济霸权却随世界格局的变化而变化，陷入某种结构性衰弱。而使美国陷入这种衰退的世界格局变化以新兴经济体群体性崛起为特征，以构建国际经济新秩序为目标，以实现全球化分工合作互利共赢为途径。与此同时，西方发达国家主导现有国际经济秩序，与新兴经济体存在结构性矛盾。一旦经济霸权受到挑战，其他霸权赖以生存的经济基础不稳，必然冲击美国世界霸主的战略目标。

作为世界的霸权国，“美国在世界政治中的支配地位还体现在语言、观念以及影响世界大部分地区的制度框架上。广泛的制度联系使美国与世界上的其他地区密切联系，并提供了一种原始的治理体系”。[①] 战后最大的问题在于美国霸主地位遭遇到目标与手段、义务与资源间紧张关系的挑战，从而使美国的大战略争论一直聚焦在是确保霸权地位的绝对性还是相对性，是美国支配还是美国领导，是以维护国际霸权秩序为重心还是以美国国内需求为重心的问题上。美国社会在不同时期对美国霸权地位的评估、对美国利益的界定以及对美国威胁来源的认知在不断变化。美国战略思维的基础是美国利益至上。随着国际环境的变化，美国保持绝对实力优势和相对实力优势的战略手段在不断调整。美国对 TPP 的认知不仅取决于美国国家利益的变化，还取决于战略环境的变化。

国家间的相对实力分配主要指国家间的物质力量分配，特别是经济实力和军事实力的对比。从美国崛起的经验出发，经济力量是军事力量的基础和前提。美国耶鲁大学教授保罗·肯尼迪认为，经济和技术发展是世界变化的原动力，经济力量是一国军事力量和综合国力的基础。经济的变动预告了新的大国的兴起，而这些大国终有一天对军事和领土秩序产生决定性的影响。[②] 中国目前尚在全面建设小康社会的过程中，人

① ［美］约翰·伊肯伯里著，韩召颖译：《美国无敌：均势的未来》，北京大学出版社 2005 年版，第 284—285 页。

② ［美］保罗·肯尼迪著，蒋葆英等译：《大国的兴衰》，中国经济出版社 1988 年版，第 9、472 页。

均国民生产总值距离中等发达国家水平尚有不小的差距，因此中国尚未实现全面崛起。目前国际社会讨论“中国崛起”，实际上指的是中国正在崛起这个基本事实，指的是“发展的中国”正在变成“崛起的中国”这样一个“量变到质变”的过程。①

中美实力差距的缩小是美国全球战略调整的重要因素。经济实力方面，21 世纪以来，中美两国的差距明显缩小。2010 年，中国的国内生产总值超越日本，成为仅次于美国的第二大经济体。相比之下，美国受金融危机的影响，经济发展缓慢，失业率大幅提升，中美间经济实力差距进一步缩小。1990 年中国经济总量为 3903 亿美元，约为美国的 6.7%；2000 年中国经济总量增长至 11985 亿美元，约为美国的 12.2%；2010 年中国经济总量提升至 58786 亿美元，约为美国的 40.3%。② 随着中国经济崛起和政治影响力上升，中国在对外经济发展方面，参与区域和全球经济治理的能力逐步提升，对区域内国家的吸引力也逐步加强。

军事实力方面，美国军事战略家认为，即使中国的绝对军事力量与美国仍有差距，中国也有能力在与美国的冲突中构成相当的威胁。此外，中国日益崛起，对美国的传统优势构成挑战，这将导致以中国为中心的亚洲集团的诞生，最终主导西太平洋地区。因此，按照他们的说法，在未来几十年里，中国与美国的经济和军事实力不相上下，两国的利益注定会发生冲突。③ 美国对华战略既保持接触，但也为未来可能发生的冲突做好准备。

中美经济实力的缩小改变了美国对中国的认知，也加重了美国全球

---

① 袁鹏著：《四百年未有之变局：中国、美国与世界新秩序》，中信出版集团 2016 年版，第 88 页。

② World Band，“Gross Domestic Product 2010”，http：//siteresources. worldbank. org/DATASTATISTICS/Resources/GDP. pdf.（上网时间：2018 年 3 月 25 日）

③ Mehraj Uddin Gojree，“US – China Strategic Cooperation Or Strategic Competition：An Overview”，Dec. 10，2015，Eurasia Review，http：//www. eurasiareview. com/10122015 – us – china – strategic – cooperation – or – strategic – competition – an – overview/.（上网时间：2018 年 4 月 1 日）

战略中中国因素的分量。中国希望在区域经贸合作中发挥更大的影响力，而美国担心中国影响力的提升将影响美国盟国的战略选择。为避免中国获取挑战美国在国际体系中主导地位的能力，全面遏制中国成为美国越来越倾向的战略选择。因此，为保持在亚太地区的地缘政治优势，美国将重点在经济领域防范中国，中国快速崛起是美国战略重心调整的关键因素，也影响了美国对 TPP 的认知。

三、影响美国对 TPP 认知的经济利益因素

美国在战后主要依靠布雷顿森林体系、关税和贸易总协定等多边国际机制来调整西方国际经济关系问题，所以美国学术界和政策界在讨论美国对外经济关系时，主要将注意力放在国际贸易和金融体制上，对国际相互依赖和国际机制的侧重说明美国主流国际经济政治学者仍寄希望于国际机制。随着经济全球化的深化和区域集团化的发展，一个国家的经济发展越来越容易受到外来因素的影响和冲击，经济安全成为国家安全的核心内容之一。冷战结束后，维护经济安全成为美国对外政策目标中的首要任务。美国战略目标的调整以国家利益为出发点，其中的经济利益成为重中之重。但随着世界经济重心趋于多元，金融危机给国际经济秩序带来冲击，美国的传统经济利益受到挑战：首先，美国无法完全依靠国际机制来协调国际经济矛盾；其次，新的经济重心往往有意修改现存国际机制的一些规则，将削弱美国对国际经济秩序的控制；最后，随着全球化的发展，世界经济实力分布发生新变化，亚太地区经济成为世界经济的引擎，使美国经济和世界经济的影响从单向影响转变为双向互动。美国的经济利益越来越受到外部经济政策的影响，而美国无法完全通过现有的多边机制来控制和减少不利影响，因此寻找新的多边合作机制掌控亚太经济成为美国维护经济利益，确保亚太经济领导权的突破点。

冷战结束后，亚太地区成为世界经济增长最受瞩目的地区，其中亚太区域经济合作机制成为新亮点。联合国亚太经社委员会发布的《2008

年亚太经济和社会状况调查》报告指出，尽管经济增长速度放缓，但在目前亚太区域之外困难的经济条件下，2008 年亚太地区的经济增长率保持在 7.7%。亚太市场已经成为美国制造业、农产品和服务业的主要出口目的地。2010 年到 2020 年，全世界的新兴市场中中等收入人口将从 9.3 亿增加到 30.6 亿，其中约占 75% 的人口居住在东亚新兴市场国家和地区。[①] 尽管遭遇金融危机，2008 年美国出口至亚太地区的制成品、农产品和服务分别高达 7470 亿美元、760 亿美元和 1870 亿美元，占同年美国相应类别总出口的 72%、64% 和 34%。美国对亚太地区的出口总计为 10095 亿美元，占同年美国总出口的 55%。[②]

亚太区域经济合作的变化成为研究亚太地区经济主导权的重要因素。亚太地区最重要的两大合作机制是亚太机制和东亚机制。1989 年 APEC 成立以来，亚太区域经济合作机制经历了两次大变迁：第一次是从 APEC 到东盟 + N；第二次是东盟 + N 到 TPP 和 RCEP 两大机制并存，同时酝酿推动亚太自由贸易区（FTAAP）。

APEC 是亚太机制的重要代表，是亚太地区最具影响的经济合作官方论坛和最高级别的政府间经济合作机制。美国在支撑亚太地区整个经济发展中处于核心地位，合作的主要动力来自于其他经济体需要一个机制来加强同美国的联系。但 APEC 结构松散，缺乏约束性，难以坚持一致性原则，难以达到预期目标。与亚太机制相比，东亚机制关注于双边或次区域的开放合作进程，以东盟为主导的区域经济合作取得迅速发展，出现东亚一体化进程领先亚太一体化进程的局面。

---

① ［日］山澤逸平、馬田啓一、國際貿易投資研究會編著：《通商政策の潮流と日本：FTA 戰略とTPP》，勁草書房 2010 年版，第 72 页。

② USTR，"Economic Opportunities and the TPP"，http：//www. ustr. gov/about – us/press – office/fact – sheets/2009/december/economic – opportunities – and – tpp.（上网时间：2017 年 12 月 20 日）

表1—3　东亚地区主要经济合作机制

机制名称	成立时间	成员国	议题
10＋1	1997年	东盟分别与中、日、韩、印、澳—新	经贸、经济技术合作、地区和双边热点问题
10＋3	1997年	东盟与中日韩	经贸、经济技术合作、地区热点问题
东亚峰会	2005年	东盟及中日韩、5个观察国（美、澳、新、俄、印）	共同关切的全球和地区问题

资料来源：中华人民共和国商务部网站。

四、影响美国对TPP认知的国内政治因素

美国的外交政策经历了决策层复杂的认知过程。在美国多元的政治制度中，社会认知对决策层产生的影响要远远高于其他国家。美国对TPP的认知方面，要理解美国在国际政治中的对外行为，除了要从宏观角度把握外，还需要从美国国内现实因素来分析决策层的认知过程。美国的决策机构包括总统、国会、最高法院、行政部门、情报机构和地方政府等，其中对外政策的主要决策机构为以总统为首的行政部门和作为立法部门的国会。因此，美国对TPP的认知中，国会因素和总统大选成为国内现实因素中最重要的两个方面。

（一）国会因素

从美国宪法来看，国会是联邦政府三部门中最重要的部门。宪法在其第一条第一款规定："本宪法授予的全部立法权，属于由参议院和众议院组成的合众国国会。"①美国国会是由535名议员构成的一个复杂的机构，代表着美国公众中持不同观点、拥有不同利益的人群。冷战结

① 李道揆著：《美国政府和美国政治》，中国社会科学出版社1990年版，第751页。

束后，美国政治议程日益向国内问题汇集，国会的政治地位进一步加强。随着国会地位的上升，它也将权力向总统和行政部门擅长的对外及安全政策等领域扩散。就美国对外政策决策而言，国会所起的作用是关键性的，其政治影响已经接近总统，在某些问题上甚至超过总统。

美国国会的权力包括立法权、财政权、任命批准权、条约批准权、对外宣战权、弹劾权和调查权等。按照美国宪法，美国与外国订立的条约需要经参议院批准。参议院的真正领导权掌握在多数党和少数党领袖手中，相对而言，参议院的多数党领袖比众议院的多数党领袖权力要大。国会的一项议案要成为法律，往往需要经过提出议案、委员会审议、议院全院辩论和表决、另一院辩论和表决、两院协商、总统签署六道程序。在对外政策中，国会是其中重要的参与者。亨廷顿将美国外交及安全政策分为三大类，分别是危机型政策、战略型政策和结构型政策。TPP 属于美国对外条约和贸易政策，归于战略型政策范畴。作为战略型政策，总统虽然握有重要权力，但总统最大的权力是建议和提出政策，总统的决定需要得到国会的批准和认可。而当总统的决定与大多数议员的立场存在巨大分歧且难以调和的时候，总统在这方面的能力将受到严重挑战。

国际谈判是一个复杂的过程，主要包括两级谈判：国际和国内。国际贸易谈判中互惠互利的达成有可能以牺牲国内一部分团体的利益来换取更大的整体的利益，但国内立法机构必须认可国际谈判的妥协。美国执法和立法是相互分离的，国内政治的较量结果有可能与国际谈判结果并不一致。这个困境正是“快速通道”授权逻辑的核心，包含于美国贸易促进授权（Trade Promotion Authority，简称 TPA）之中。TPA 要求国会对总统递交的任何贸易提案必须立刻做出直接表决，即同意或者不同意。也就是说，一旦议案被提交，国会成员就不能像对待大多数立法一样去进行改进，只能通过或否决。[①] 1974 年《美国国际贸易法》颁布

---

① 万璐、程宝栋、李俊著：《美国 TPP 战略的经济效应及我国亚太地区 FTA 策略研究》，人民日报出版社 2017 年版，第 180 页。

至今，“快速通道”一直存在于美国的贸易政策中，国会主要负责制定与实施贸易政策，而执行部门主要负责贸易的谈判和实施相关贸易的法律法规。

1. 党派政治

在国会内部，党派政治发挥的作用非常显著。两党通过各自的议会党团和领袖来控制和影响国会的主要活动。金融危机后，美国政治极化现象明显，党派冲突加剧的情况下，政党因素会对总统执行对外政策的能力构成严重挑战，非党派因素和利益集团因素是暂时的，而党派对立则是长期行为。总体而言，两党在外交及安全政策总目标基本一致，但在侧重点上存在明显差异。民主党倾向于增加美国对外官方援助，通过多边机制扩展美国的霸权。共和党倾向于自由贸易和投资自由化，在对外行动中倾向单边主义。

从美国 FTA 谈判历史来看，顺利的 FTA 谈判离不开国会提供贸易促进授权。克林顿政府和小布什政府之所以能够在某一时期的 FTA 谈判上大有斩获，贡献了美国绝大多数的 FTA，主要原因就是当时的国会给予了授权。而奥巴马政府未能达成任何一项双边或者多边自贸协定，症结就在于国会未曾通过授权。国会授权与否，首要的考量因素是党派政治。如果总统和国会的多数党同属一党，或者民主党和共和党两党关系和谐，总统更容易获得国会贸易促进授权。金融危机后美国国内政治极化现象明显，两党对立情绪高涨。2010 年之后奥巴马政府大力推进 TPP 谈判的时期也是共和党全面控制国会的时期。共和党把贸易促进授权看成制约民主党奥巴马政府的博弈工具。奥巴马政府越是渴望获得贸易促进授权，共和党控制的国会越是不会轻易授予。TPP 谈判的其他成员国也认识到，没有贸易促进授权的自贸协定谈判理论上都可能是没有法律保障的谈判，即使与美国政府谈判初见成效，美国国会也有可能对谈判成果进行修改甚至否决。

2. 利益集团

利益集团指以共同利益为基础，为实现共同目标而力图影响政府政策一种社会团体。[①] 利益集团在美国政治生活中占重要地位，它不仅数量众多、种类齐全，而且在关键领域和重大决策中发挥不容忽视的作用。按照利益集团追求的主要目标，大体可分为追求成员经济利益的集团；寻求成员政治、社会权益的集团；公共利益集团；外国利益集团四大类。[②] 前三类利益集团在实现主要目标的过程中与美国外交决策有着千丝万缕的联系。利益集团通过直接院外活动和间接院外活动的手段影响美国政府决策。其中，间接院外活动中通过基层会员、选民、大众传媒和其他团体来对政策决策者施加影响。

美国贸易代表办公室提供的资料显示，已发表声明支持 TPP 的有 60 多家行业协会和企业，主要包括美国商会、“商业圆桌会议”等向来支持自由贸易的商业和农业组织，以及部分互联网科技、纺织服装和物流服务企业。但美国制药、烟草、金融和汽车业对 TPP 的某些条款不满意，要求美国政府对此重新谈判。美国劳工联合会和产业工会联合会、捍卫公众利益组织等工会、消费者维权和环保组织是反对的主要代表，指责 TPP 主要照顾跨国企业利益，对劳工、环境保护和公众卫生重视不够。美国国际贸易委员会 2016 年 5 月公布的官方 TPP 经济评估报告显示，到 2032 年多数 TPP 条款生效时，与基准情形对比，TPP 将使得美国实际国内生产总值增加 427 亿美元（相当于增长 0. 15%），整体就业增加 12. 8 万个全职岗位（增长 0. 07%），对整体经济的贡献较为有限。从具体行业来看，TPP 将令美国农业和食品业获利最大，服务业也受益明显，但制造业、能源业和自然资源等行业将遭受损失。

美国国内各州由于在产业结构、资源优势和地理区位等方面的差异而从对外贸易中能够获得的利益大相径庭，而作为一个分权国家，每个州都能通过以国会议员为代表的利益代言人来影响政府对外贸易政策的选择。[③] 奥巴马执政期间，其推动 TPP 引发国会和政府政治博弈，究其

---

① 倪峰著：《国会与冷战后的美国安全政策》，中国社会科学出版社 2004 年版，第 46 页。

② 引用自李道揆专著《美国政府和美国政治》中对利益集团的划分。

③ 徐康宁、韩会朝：“美国政党分野、州际差异如何影响美国对华贸易政策?”，《国际经济评论》2014 年第 6 期，第 90 页。

原因是共和党和民主党在自由贸易和经济全球化这一问题上的态度存在分歧，各利益集团都试图通过游说国会议员来抵制可能的自由贸易协定带来的冲击；而在国会两党竞争的格局中，各相关利益集团的利益都是通过两党的不同政治主张而集中体现出来。①

（二）总统选举因素

TPP 历经 5 年多的谈判，虽然各成员国于 2015 年 10 月达成一致，并于 2016 年 2 月正式签署协定文本，但需要经过各国立法机构批准才能生效。奥巴马推动国会批准 TPP 无望后，TPP 只能寄希望于新任总统继续推进，美国总统选举也成为影响美国对 TPP 认知及未来政策走向的重要因素。

美国总统选举制度为选举人团的间接选举制度。除缅因州和内布拉斯加州外，其他 48 个州和首都华盛顿哥伦比亚特区实行赢家通吃制度，即获得选民票最多者获得该州或首都华盛顿哥伦比亚特区所有选举人票。政党的偏好和选民的观念倾向影响着竞选战略，候选人的最终目标是赢得选举，因此哪种竞选口号和施政纲领最有利于获得选票，候选人就会提倡哪种。美国选民大多关心国内政治、经济和社会生活。美国盖洛普公司 2016 年 1 月公布的民调结果显示，92% 的受访者认为候选人的经济政策立场对自己投票倾向产生极其重要或非常重要的影响。就业问题和国家安全问题的重要性分别以 89% 和 87% 比例排在第二、三位。其中，认为候选人在对外贸易的政策立场将对自己投票产生极其重要或非常重要影响的选民比例仅为 61%。

每个政党都是一种个人团体的广泛联盟，共和党支持者的观点更为保守，而民主党的支持者更为自由。此外，在大选时，政党提名者力图获得本党成员、独立投票人和反对党成员的支持。考虑到选民的天性和总的竞选战略，竞选常常强调个性，突出象征意义。由于冷战和越战的

---

① 项卫星、王冠楠：“美国贸易政治对贸易政策决策的影响：基于 TPP 谈判的视角”，《世界经济研究》2015 年第 11 期，第 21 页。

结果，对外政策问题常等同于民族主义和爱国主义，共和党据此反对民主党。总统竞选以吸引大众支持，赢得选举为目标时，这些竞选策略便具有了政治上的意义，也产生了政治上的后果。民主党代表中产阶层和贫民阶层，城市力量较强，支持者是工会和知识分子，以及社会边缘化势力如移民、女权主义、少数族群和同性恋团体等。共和党代表资产阶层和社会保守势力，在乡村特别是南方力量强大，主要支持者包括宗教组织、大企业、退伍军人、白人特别是男性白人。民主党在经济政策上更支持政府干涉和帮助弱势群体，体现在对高收入群体征收高税率、提供更多的社会保障、讲究教育平等。共和党经济上主张低税收低福利，减少立法，多给企业和市场自由来促进经济多样发展，因此共和党的选票基础包括各个阶层的商业团体。

本章小结

TPP 作为美国自贸区战略的重要组成部分，是一个经济和安全战略的复合体。TPP 由最初的 P4 发展到拥有 12 个成员国，经济规模占全球经济总量的 40%，美国的主导性在其中起到决定作用。从 TPP 的发展脉络可以发现，美国的主导性是影响 TPP 谈判的关键因素。在发展规模上，美国的加入及主导是 TPP 迅速发展的主要原因。2009 年美国正式加入 TPP 谈判以来，TPP 实现了从 P4 到 P12 的迅速扩张。在谈判过程中，美国主导的谈判议题往往成为谈判的焦点和难点。在成员选择上，美国从始到终贯彻了其主导性。在利益分歧中，美国以美式价值观为指导，以维护美国利益为根本出发点。

美国对 TPP 的认知是诸多内外因素共同作用的结果。美国对 TPP 的认知首先源于每届政府政治理念的不同。其次，美国对 TPP 的认知来源于安全战略的调整，作为世界霸权国家，美国战略思维的基础是美国利益至上，特别是在亚太地区经济地位上升及中国和平崛起的国际环境中。再次，经济利益在美国对 TPP 的认知中极为重要。经济利益是美国国家实力的基础和后盾，是美国核心利益，也是维系其他国家利益的保障。最后，美国国内政治影响了美国对 TPP 的认知。如受党派政治、利益集团等影响的国会因素，以及 2016 年总统大选，容易放大 TPP 的负面影响。

第二章 奥巴马政府对TPP的认知及政策调整

奥巴马入主白宫之时，正值金融危机爆发、美国经济形势下滑、美国内政外交受困。一方面，“9·11”事件以来，美国深陷反恐战争泥潭，消耗了大量的人力财力，国际形象受损。另一方面，2008 年金融危机以来，美国经济严重萎缩，而中国经济发展进入新常态，东亚地区成为世界经济增长的引擎。同时，美国国内政治社会极化现象明显，给奥巴马执政带来前所未有的困难和挑战。2009 年奥巴马就职演讲中强调“变革”，以实施“新政”来兑现变革的承诺，扭转美国经济低迷态势，重振全球领导地位。

第一节 影响奥巴马政府对 TPP 认知的因素

TPP 是美国主导的 21 世纪高标准的多边自由贸易协定。美国企图以 TPP 为蓝本建立“高质量和约束力”的国际经贸新规则，是美国“亚太再平衡”的战略思想和战略布局的重要组成部分。亚太区域经济合作主要参与方包括美国、中国、日本、韩国、东盟、印度、澳大利亚和新西兰等，其中以中美的利益竞争最为突出，将影响亚太区域经济合作进程。美国加入并主导 TPP 既有其内在的经济动因，又有深刻的战略动因。影响奥巴马政府对 TPP 认知的因素包括政治理念因素、安全战略因素、中美竞争因素等方面。

一、奥巴马政府政治理念：实用的自由主义

美国外交政策的核心挑战是巩固、保护和扩展美国在二战后建立的自由主义国际秩序。尽管自由主义理念长期作为美国大战略的核心思想，却在不同时期的政策选择上存在摇摆和变化。民主党向来奉行自由主义的政治理念，但奥巴马执政以来，淡化了自由主义意识，着重反映了问题意识和实用主义，将自由主义意识隐藏于现实主义的问题意识之中，既贯穿了威尔逊式的自由主义外交思想，又体现出现实主义推崇的以实力做后盾的外交手段。

决策者的外交理念是外交决策的核心因素之一。当领导者将个人政治理念置于具体的政策制定，无法超越理想与现实因素的多重制约时，必然受到国际环境、国内政治以及个人认知等多重因素的影响。

作为美国历史上首位非裔总统，奥巴马的外交思想具有自由主义倾向，强调国际社会越来越呈现出复合相互依赖的特征，主张通过国际合作、建立国际机制来解决面临的挑战。2006 年普林斯顿大学《铸造一个基于法治的自由世界：21 世纪美国国家安全战略报告》和 2008 年美国总统大选前夕由名为“凤凰倡议”的研究小组撰写的《战略领导：21 世纪国家安全战略框架》中，对现实主义的理论假设提出质疑，指出在一个无政府世界中相互合作与相互依赖的重要性，强调国际社会的相互关联性，具有鲜明的新自由主义特征，所以有学者称奥巴马外交可能开创了一个新自由主义的时代。① 奥巴马推行的是有利于扩大民主党基础选民的政策，更加倾向自由主义，或促使美国向自由主义方向发展的政策。总统及其顾问班底是美国国际经济政策的主要决策者。奥巴马政府外交决策部门中具有一批自由主义色彩明显的代表人物，例如国务卿希拉里·克林顿、总统国家安全事务助理苏珊·赖斯等。奥巴马政府信奉自由主义的政治理念，将外交与发展手段并行，强调多边主义和国

① 牛新春：“奥巴马外交：一个新自由主义的时代?”，《现代国际关系》2009 年第 5 期，第 33 页。

际合作，积极维护国际新秩序，同时注重实用主义，开展“巧实力”外交。

表 2—1 奥巴马政府经济顾问团队成员

经济顾问	经历
杨森·弗尔曼	中间派经济学家，支持自由贸易
奥斯坦·古斯比	芝加哥大学商学院的经济学教授
大卫·卡特勒	哈佛大学应用经济学教授，在卫生保健经济学界闻名
杰弗·利伯曼	哈佛大学肯尼迪政府学院马尔克姆维纳公共政策教授、社会保障专家
威廉·戴利	曾是克林顿总统的 NAFTA 专案小组的主席，后转任克林顿政府商务部长，后任摩根大通公司社会责任办事处主任
丹尼尔·塔鲁娄	乔治敦大学法律中心教授、美国进步中心高级研究员，曾在克林顿政府担任主管经济和商业事务的国务卿助理、总统的经济政策副助理和国际经济政策助理

资料来源：美国白宫网站。

奥巴马的世界观中，美国的外来威胁并非源于国际社会意识形态的分歧，而是源于包括核武器与生化武器扩散、全球治理等物质层面的问题，因此奥巴马强调国际合作，在捍卫美国自由主义价值观中以外交为重点。奥巴马强调实用性，外交手段必须契合实际问题。2009 年 1 月，国务卿希拉里在对外关系委员会对她的提名听证会上表示：“奥巴马总统和我都相信美国的外交政策应当是原则和实用主义的结合，而不是基于僵化的意识形态。美国外交政策应当以事实和证据为基础，而不是情感或偏见。”① 奥巴马政府摒弃小布什政府“单边主义”，以“变革”为口号，以接触对话代替对立对抗；重返多边主义，强调国际合作，巩固与欧洲、日本等传统盟友的紧密关系，注重建立和发展新伙伴关系；

① Hillary Clinton, *Nomination Hearing to be Secretary of State*, Secretary of State before the Senate Foreign Relations Committee, Washington D. C. , January 13, 2009.

提倡发挥国际机制的积极作用应对国际事务变化，巩固国际机制主导权。奥巴马政府重构国际秩序的倡议充分体现了威尔逊自由主义的哲学观，被部分西方学者称为威尔逊自由主义的3.0版本。[①] 奥巴马政府外交政策是实用主义外交的重要组成部分，仍以确保美国全球霸权为主导思想，利用外交、经济、军事、政治、法律和文化等领域的可行手段，巩固原有联盟，形成新的联盟，打开外交新局面。

二、TPP是美国“亚太再平衡”战略的经济支点

金融危机爆发以来，亚太地区在全球的地位提升，美国政府和学界清晰地认识到，美国原有的全球战略已经不能适应国家利益诉求，适时调整全球战略成为当务之急。奥巴马政府以重振美国世界霸权为战略目标，启动“亚太再平衡”战略，应对以中国为代表的亚太地区新兴经济体对国际秩序的挑战。

（一）“亚太再平衡”战略布局

二战结束后，美国因冷战两极格局而将战略重心长期放在欧洲。冷战结束后，美国成为世界上唯一的超级大国，其外交重心逐渐有东移之势。21世纪以来，美国深陷反恐战争泥潭，加之国际金融危机的冲击，美国自身实力有所削弱。与此同时，全球新兴经济体的崛起给美国主导的国际秩序带来新的挑战。“亚太再平衡”成为奥巴马政府在美国全球战略重点问题上做出的战略抉择。奥巴马自称美国首位“太平洋总统”，强调美国是亚太国家，高调宣称重返亚洲，重返东南亚，誓言继续充当亚太领导者。奥巴马政府运用“巧实力”，努力修复美国与伊斯兰世界关系，重启美俄关系，巩固美欧关系，适时调整反恐战略，为战略重心东移创造条件。2010年1月，美国国务卿希拉里在夏威夷发表演讲，提出美国将要“重返亚太”。2010年5月，奥巴马向国会递交其

---

① G. John Ikenberry, “Liberal Internationalism 3.0: America and the Dilemmas of Liberal World Order”, *Perspectives on Politics*, Vol. 7, No. 1, 2009, pp. 71–87.

上任以来首份《国家安全战略报告》，强调亚太是美国未来关注的重心，美国将在东盟、亚太经济合作论坛、跨太平洋伙伴关系及东亚峰会等地区多边框架内寻求发挥更大作用。① 2011 年 11 月，美国国务卿希拉里在《外交政策》杂志发表《美国的太平洋世纪》，明确指出："随着伊拉克战争接近尾声以及美国开始从阿富汗撤军，美国现在处于一个转折点。今后 10 年美国外交方略的最重要的使命之一将是把大幅增加的投入——在外交、经济、战略和其他方面——锁定于亚太地区。"② 随后，奥巴马在澳大利亚国会发表"太平洋轴心"的演讲，这次演讲被视为美国推出"亚太再平衡"战略的正式标志，进一步印证了美国战略重心向亚太地区转移的决心。2013 年 1 月，奥巴马第二任期开始，提出用"亚太再平衡"战略取代具有争议的"重返亚太"战略，但政策的实质并未发生改变。按照奥巴马的论述，"亚太再平衡"战略包括以下几个方面：

一是在亚太地区维持强大和现代化的军事存在。小布什第二任期，中国与澳大利亚、韩国、泰国等美国同盟国家关系紧密，亚太地区离心倾向抬头。奥巴马政府积极构建美日韩三边同盟关系，使之成为在东北亚实施"亚太再平衡"战略的核心环节。美军不但增强在亚太的军事力量，陆军和海军陆战队的规模均有增加。2009 年，驻韩美军人数为 2.63 万，2011 年增加至 3.73 万。2009 年驻日美军人数为 4.15 万，到 2011 年增加了一倍，为 8.72 万。美国加强与澳大利亚的安全合作领域，2011 年 11 月奥巴马访澳期间宣布，美国将在澳大利亚达尔文港驻军 2500 人。美国与菲律宾进行新的军事领域合作，在新加坡增派了海军。

二是强化与地区盟友和伙伴关系。奥巴马政府强化与亚太地区 5 个同盟国的深度合作，不断结交新伙伴，在亚太地区形成美国势力网和朋

① The White House, National Security Strategy, May 2010.

② Hillary Clinton, "America's Pacific Century", Foreign Policy, November 11, 2011, http: //foreignpolicy. com/2011/10/11/americas - pacific - century/. （上网时间：2017 年 11 月 12 日）

友圈，对竞争国家构成合围之势。传统盟友关系中，奥巴马称美日同盟关系是“两国安全与繁荣的基石”，在“亚太再平衡”战略中，日本基于经济实力和特殊的地理位置，成为一系列亚太政策的桥头堡。此外，美国强化在东南亚的政治和外交活动。2009 年 7 月《东南亚友好合作条约》的签订，标志着美国与东南亚关系的改进。2010 年至 2014 年间，美国同印尼和马来西亚构建全面伙伴关系。2015 年，美印关系升级为战略伙伴关系。

三是与中国发展更富合作性的关系。21 世纪以来，中美关系的一大特点是相互依赖不断加深，中美互为第二大贸易伙伴，中美既是战略伙伴，也是战略竞争者。小布什任内，中美关系发展势头较好，在经济、金融方面相互合作、相互依赖，并实现了双边战略经济对话，建立了良好的渠道和平台。奥巴马执政后，美国重返亚太必然面临如何处理与中国关系的问题，是既有合作又有竞争，需要在两者之间寻找平衡。“亚太再平衡”是维护美国在亚太地区的绝对领导地位，实现亚太地区内部的“再平衡”。亚太地区以中国崛起对美国的挑战最为突出。奥巴马第二任期，将中国视为美国霸权的挑战者，“亚太再平衡”重点从军事层面转向经济层面，试图与中国展开全方位竞争。美国对华政策从注重军事防范转向军事防范与经济防范并重。

四是通过地区贸易安排扩展经济伙伴关系。以加强亚太区域合作为名义的 TPP 对美国而言是其与东亚联盟进行抗衡，打破美国参与东亚合作的被动局面，遏制中国在亚太地区不断扩大的影响力的工具。同时，美国还力推“跨大西洋贸易与投资伙伴关系协定”（Transatlantic Trade and Investment Partnership，简称 TTIP），进一步巩固美国在全球经贸领域的主导地位。

五是与地区内“新兴民主国家”建立伙伴关系，强化各国国内治理机制。美国还主动改善与越南、柬埔寨、老挝、缅甸等国家关系。2012 年，奥巴马第二任期首访地即是缅甸。2013 年，美国与越南宣布建立全面伙伴关系。2016 年，美国和老挝政府同意建立全面伙伴关系。

小布什政府因将战略重点集中于打击恐怖主义，错失了参与并领导亚太经济发展的黄金时期。奥巴马政府尽量避免朝核问题、台湾问题、钓鱼岛争端、南海问题等局势走向失控，防止美国再次陷入战争泥潭。亚太地区已经成为美国全球霸权的重点地区，美国需要将更多的资源转移到亚太。美国“亚太再平衡”战略既是基于传统大国竞争、实力政治和权力平衡等全球战略和地缘政治因素的考虑，也包括了美国外交推行的价值观和意识形态因素。

（二）美国推进 TPP 的安全因素

亚太地区国家包括全球 GDP 前三位国家（美、中、日），逐渐成为世界经济、贸易、投资中心。TPP 本身属于经济范畴，但因为设定了“21 世纪最具里程碑意义的新贸易协定”的目标，也就拥有了实现美国在亚太地区建立新的制度霸权的政治意图。为确保美国在塑造亚太经济体系结构中发挥关键作用，美国必将增加在该地区的影响力。

为了积极配合美国“亚太再平衡”战略的实施，奥巴马第二任期将重点向经济和社会等领域拓展，TPP 成为最佳战略抓手。“9·11”事件以来，小布什政府将美国战略重心集中在反恐，东亚地区战略布局不是其优先考虑重点。这 10 年间，亚太经济作为世界经济增长新亮点，引起世界经济格局的变动和广泛关注。美国因深陷反恐战争泥潭，错失了在亚太地区特别是东亚地区的发展机会。2007 年美国次贷危机引发的金融危机全面爆发之后，美国的经济霸权遭遇自 20 世纪 70 年代以来最严峻的挑战。国内经济利益方面，奥巴马执政之初即面临经济增长乏力、失业率居高不下、国债比例过高等国内经济压力。海外经济利益方面，小布什政府反恐大幅加重了财政负担，新兴经济体群体性崛起，又与美国不可避免地存在经济竞争。

奥巴马政府“亚太再平衡”战略的提出，标志着美国开始下决心调整全球战略重心。奥巴马执政之后，在其就职演讲中宣称“反恐”不再是美国的战略重点，将全面调整小布什的对外政策。与小布什的新保守主义不同，奥巴马的政治思想具有明显的自由主义倾向，主张通过国际合作、建立国际机制来解决面临的挑战。美国战略界就美国战略目标和重点等问题展开了大讨论。一方面，随着恐怖主义遭到重创，应对大国崛起应成为美国政府的重大任务。另一方面，亚太地区是全球经济最活跃的地区，也是决定21世纪全球格局的中心。2012年10月，美国国家情报委员会发布的《2030年全球趋势》从亚洲的经济发展态势进行预测，认为到2030年亚洲经济将超过北美和欧洲。

奥巴马政府2010年发表了首份《国家安全战略报告》，其中将安全、繁荣、价值观和国际秩序等四个部分列为美国的持久国家利益。经济繁荣是美国赖以生存和发展的基础，也是美国维持全球超级霸权、实现其战略目标的重要手段。报告指出，“我们正重建强大的经济，因为我们的领导力有赖于此，将美国经济的增长视为全球发展的引擎与解决国际体系问题的源泉”。[①] 美国的当务之急是走出金融危机，实现国内经济的稳步增长，重塑美国实力和国际地位的基石。奥巴马在报告中将军事作为外交努力无效情况下的最后手段，这与小布什政府时期的“先发制人”战略相比是重大转变。虽然奥巴马政府战略与小布什政府相比有方向性的转变，但出发点是一致的，即维护美国的国家利益，寻求符合美国国家利益的国际新秩序。

为维护美国的经济利益，奥巴马政府进行国内经济改革和海外经济利益保护。2008年金融危机之后，美国国会及奥巴马批准了大量资金来刺激美国经济。2009年2月，奥巴马签署了总额为7870亿美元的经济刺激计划，目的是切断劳动市场的恶性循环，创造就业机会，拉动消费和投资，从而促进美国经济复苏。奥巴马在其就任以来的首份国情咨文中提出，将在未来5年内促使美国出口额翻一番。作为落实这一目标的具体举动，美国商务部随即公布“全国主动出口”战略，称将从加强贸易扩展、方便贸易融资以及强化贸易规则三大方面扶助美国企业开拓海外市场。为了重振美国经济，恢复美国的贸易霸权，奥巴马先后于

① The White House, *2010 National Security Strategy*, https://obamawhitehouse.archives.gov/the-press-office/2015/02/06/fact-sheet-2015-national-security-strategy/.（上网时间：2017年11月2日）

2010年和2013年启动了TPP和TTIP。作为奥巴马“亚太再平衡”战略的经济支柱，TPP涵盖了全球40%的经济产出。经过5年多的谈判，美国最终于2015年10月与日本、澳大利亚、加拿大等11个国家达成协议。

美国大力推进TPP，不但可以顺利加入亚太地区经济一体化进程，而且有助于美国通过制定有利于本国竞争力的一系列贸易规则，在确立美国竞争优势和振兴国内经济的同时，主导亚太地区经济一体化进程，巩固美国的亚太主导地位。

（三）美国推动TPP的经济因素

第一，在全球层面，通过参与并主导亚太地区贸易合作机制，引导制定亚太地区乃至世界自由贸易新标准。从战略意义上来说，美国加入TPP谈判将全面介入亚太地区经济发展，实现美国在亚太地区的战略布局。长期以来，美国将经济重心放在多边贸易的推进上，对区域经济一体化关注不够，也未考虑与亚太地区国家在经济方面展开的全面深入合作。

表2—2　美国在亚太地区参与的区域贸易协定

序号	协议名称	成员	状态
1	亚太自由贸易区（FTAAP）	APEC 21个成员	至今仍是倡议
2	美国－东盟贸易投资框架协定（TIFA）	东盟10国、美国	2006年8月缔结
3	跨太平洋战略经济伙伴协定（TPP）	澳大利亚、文莱、加拿大、智利、日本、马来西亚、墨西哥、新西兰、秘鲁、新加坡、美国和越南	2006年生效，2009年美国宣布加入谈判

资料来源：美国贸易代表署。

TPP是对世界贸易组织、北美自由贸易协定等经济贸易协议的补充，它在贸易、投资、资本市场、服务市场、经贸规则等方面都建立了广泛的规则，旨在为未来的国际贸易设立规则系统，因而符合美国及其他成员国的利益。美国与亚太地区其他国家签署贸易协定有助于稳固其在太平洋的经济安全。美国与澳大利亚、智利、秘鲁和新加坡都已签署FTA，TPP成员国36对双边关系中，只有11个未签署FTA。TPP被视为实现潜在FTAAP的路径。TPP几乎包括美国需要的所有条款，除知识产权、服务贸易等美国的传统优势项目以外，还包括投资、竞争政策、政府采购透明度和贸易便利化等四项“新加坡议题”①。此外，TPP还包括具有约束力的环境与劳工标准，得到美国政府、党派和工商界利益集团的支持。美国已经签订的双边FTA协定中都包括这些条款，这些也是美国所推崇的所谓“高质量”FTA必须具备的内容。美国希望将TPP打造成“21世纪的FTA样板”，即奥巴马所称的“21世纪贸易协定应有的高标准”。美国加入TPP的目标是“建成一个拥有广泛成员的区域贸易协定”②。一是更新现有贸易协定条款，突出表现在环境保护、透明度、劳工权力和保护以及发展方面的新义务。二是FTA的内容不仅仅局限在贸易层面，还能促进美国公司融入亚太地区的生产和供应链，为中小企业创造更多机会。

美国以TPP为途径掌控亚太地区经济主导权，并通过推动符合自身利益的亚太区域经济一体化，侧面包抄以推动WTO多哈回合谈判向符合美国利益的方向发展。美国通过推进TPP塑造太平洋贸易规则，主要体现在打破原有WTO为代表的多边贸易体制和传统FTA模式，将区域贸易标准提升到新高度，为美国与亚太盟友建立政治经济联系提供全新模式。

---

① 这四项议题最早在1996年新加坡召开的WTO第一次部长级会议上提出，故简称为“新加坡议题”。

② Office of the United States Trade Representative: Announcement by President Barack Obama, Nov. 14, 2009. https: //ustr. gov/about - us/policy - offices/press - office/fact - sheets/2009/december/tpp - statements - and - actions - date. （上网时间：2017年11月5日）

第二，在区域层面，牵制东亚经济一体化进程，重塑美国经济主导权。长期以来，美国高举全球多边贸易体制大旗，对区域经济一体化关注度不够。直到1989年参加APEC，美国才开始卷入区域经济一体化潮流。亚太地区最重要的合作机制是以APEC为代表的亚太机制和以“东盟+”为代表的东亚机制。1997年亚洲金融危机后，APEC长期处于低潮，其贸易自由化进程发展相对缓慢，而东亚经济一体化进展较快，形成以东盟为核心，以中国为主要推手的“10+3”合作机制。21世纪以来，亚太地区成为世界经济增长的主要引擎，亚太市场已成为美国制造业、农产品和服务业的主要出口目的地。金融危机爆发后，东亚经济增长速度在全球范围内遥遥领先。2010年，东亚13国GDP接近15万亿美元，是世界上经济增长最快的地区和最重要的一极。① 由东盟为主导，推动东盟、东盟+中国、日本、韩国、印度、澳大利亚-新西兰（5个10+1）、东盟+中日韩（10+3）、东亚峰会等发展迅速，并提出成立东亚自由贸易区、建立东亚共同体的目标，出现东亚一体化进程领先亚太一体化进程的局面。东亚国家先后建立了“10+1”“10+3”和东亚峰会的合作机制，美国加入现有合作机制难以占据主导权。目前美国在亚太地区参与的区域贸易协定数量不多，因此尽管过去几年中美国对亚太地区的出口总额增加了62%，但出口所占份额却下降了3%。②

亚太地区180多个优惠贸易协定中大部分没有包含美国。虽然APEC仍由美国主导，但APEC的后劲不足，发展速度已明显落后于东亚一体化进程。从长期来看，美国面临在亚太地区逐渐边缘化的风险。美国国务卿希拉里·克林顿指出，“利用亚洲的增长和活力是美国的经济和战略利益核心”“美国经济的复苏取决于出口和美国开发亚洲广阔

---

① IMF World Economic Outlook, http://www.imf.org/external/pubs/ft/weo/2011/update/01/index.htm.（上网时间：2017年11月10日）

② USTR, “Economic Opportunities and the TPP”, http://www.ustr.gov/about-us/press-office/fact-sheets/2009/december/economic-opportunities-and-tpp; http://www.gmw.cn/content/2010-03/08/content_1066985.htm.（上网时间：2017年11月10日）

和不断增长消费群的能力”。[①] 对美国来说，只有全面参与到这种新型贸易结构以及动态的市场变化中，才能提高亚太地区出口产品的竞争力，从而在贸易中获得更多经济利益和就业机会，缓解国内经济的萎靡不振。TPP 是奥巴马政府寻求加入亚太地区多边贸易和投资活动的重要切入点，P4 成员国在亚太市场所占份额不大，美国可以顺利获得主导权，并按照美国意愿扩大成员国。

第三，在国家层面，重振美国经济，提升国内就业率。奥巴马就任总统时，美国经济受到反恐战争及金融危机的影响，经济遭受重创，大批金融机构破产重组，货币供给紧缩，外贸出口动力不足，财政赤字高企，失业率居高不下。2008 年美国 GDP 的增长率为 0.4%，2009 年的增长率为 -2.04%。[②] 2009 年 3 月，美国政府公布了《2010 年贸易政策议程》和《2009 年年度报告》，以“让贸易为美国家庭服务”为主体，以“在未来 5 年内，美国出口翻番和由此拉动增加 200 万个就业岗位”为目标。[③] 奥巴马执政以来，首要任务就是扭转美国经济衰退局势，重新刺激美国经济增长。扩大出口成为美国削减贸易赤字，增强综合竞争力，实现经济再平衡和增长方式由“消费驱动”向“出口驱动”转变的现实选择。2010 年美国《国家安全战略报告》中明确指出，要把推动经济增长和扭转财政状况作为国家安全的优先任务来对待。2010 年 2 月，美国商务部部长骆家辉提出“国家出口行动计划”，强调亚太地区是实现上述目标的主要区域。[④] 2011 年美国总统贸易日程对未来美国经济与贸易目标做出定位：政府贸易政策将继续以引领全球经济为目标，

---

① Hillary Clinton, “America's Pacific Century”, Foreign Policy, November 11, 2011, http: //foreignpolicy. com/2011/10/11/americas - pacific - century/.（上网时间：2017 年 11 月 10 日）

② 美国经济数据中心，http: //www. edatasea. com/Content/us。（上网时间：2017 年 11 月 10 日）

③ “2010 agenda emphasizes expanding market access, enforcing rules”, http: //iipdigital. usembassy. gov/st/english/article/2010/03/20100303155048abretnuh0. 1413385. html#axzz3JAeumcqW. （上网时间：2017 年 11 月 11 日）

④ “National Export Initiative”, http: //trade. gov/nei/.（上网时间：2017 年 11 月 12 日）

同时使美国在全世界销售更多的商品和服务，从而为本国提供更多的就业岗位。根据 IMF 预测，未来 5 年内，大约 83% 的世界经济增长将发生在美国以外的地区。因此，美国必须积极开拓海外销售商品和服务市场。每 10 亿美元的货物出口就能提供超过 6000 个就业机会，而同等数额的服务出口能提供超过 4500 个就业机会。[①] 美国贸易代表办公室公布的资料显示，TPP 将消除超过 1.8 万种商品的关税，促进美国农业、制造业以及中小企业的对外出口，支持美国国内就业。[②] 国际评级公司穆迪也表示，TPP 将降低贸易成本，增加新的投资和就业机会，支持经济增长。

表 2—3　美国金融危机前后的经济状况（单位：10 亿美元，%）

年份	实际 GDP 增长率（连锁美元，以 2009 年为基准年）	失业率	货物贸易总额	货物贸易进口额	货物贸易出口额
2006 年	2.67	4.6	2880	1854	1026
2007 年	1.78	4.6	3105	1957	1148
2008 年	-0.29	5.8	3391	2104	1287
2009 年	-2.78	9.3	2616	1560	1056
2010 年	2.53	9.6	3192	1914	1278

资料来源：美国商务部、美国经济数据中心。

TPP 作为美国"亚太再平衡"战略的重要部分，不仅有利于拉动美国经济增长，更是促进美国经济良性循环的长期战略选择。奥巴马任内，扩大出口成为美国削减贸易赤字，增强综合竞争力，经济增长方式由"消费驱动"向"出口渠道"转变的最优选择。小布什政府以来，

---

① Office of the United States Trade Representative, "2011 Trade Policy Agenda and 2010 Annual Report", 2011, pp. 1—2.

② Office of the United States Trade Representative, "Summary of the Trans - Pacific Partnership Agreement", October 2015. https: //ustr. gov/about - us/policy - offices/press - office/press - releases/2015/october/summary - trans - pacific - partnership.（上网时间：2017 年 11 月 12 日）

美国与亚洲商品贸易逆差明显，奥巴马政府欲借助 TPP 实现贸易平衡，甚至扭亏为盈。

三、遏制竞争对手崛起

中美关系是影响美国对 TPP 认知的主要因素之一，既涉及美国对中美关系未来发展趋势的预判，也涉及对彼此实力和长远意图的评估。从奥巴马政府开始，中美关系逐渐向竞争性倾斜，从传统的政治、军事、安全领域延伸至经济、贸易领域。

（一）中美在亚太实力差距缩小

约瑟夫·奈认为，现代民族国家的实力可分解为三个主要部分：经济实力、硬实力（或军事实力）以及软实力。① 美国仍是太平洋地区的头号大国，但 21 世纪以来，中美两国的经济实力差距明显缩小。2010 年，中国的 GDP 超越日本，成为仅次于美国的第二大经济体。相比之下，美国受金融危机的影响，经济发展缓慢，失业率大幅提升。2014 年 10 月，国际货币基金组织数据显示，以购买力平价的计算方式，2014 年美国的经济规模是 17.4 万亿美元，而中国的经济规模则是 17.6 万亿美元，中国的经济规模已经超过美国。② 随着中国经济崛起和政治影响力上升，中国参与区域和全球经济治理的能力逐步提升，对周边国家的吸引力也逐渐加强，中国有实力在区域经贸合作中发挥更大的影响力。在美国战略思维中，实力是国家安全和利益最可靠的保障，也是美国受到威胁的最根本来源。在世界等级结构中，美国要防范任何形式的崛起性挑战，从根本上维护全球领导地位。美国必须保证对中国拥有绝对实力优势，而经济实力是中国迅速崛起的动力来源，全面遏制中国经

---

① 引自约瑟夫·奈对实力的划分，[美] 约瑟夫·奈著，[美] 邵杜罔译：《美国世纪结束了吗?》，北京联合出版公司 2016 年版，第 19 页。

② "IMF：以购买力平价计算中国已成世界第一大经济体"，http://www.chinanews.com/gj/2014/10-09/6657307.shtml。（上网时间：2018 年 4 月 25 日）

济影响力是美国的首选目标。

(二) 削弱中国在亚太地区影响力

从战略设计层面来看，奥巴马政府的“亚太再平衡”战略是将美国对华战略内嵌其中的地区战略。美国深陷反恐战争泥潭的10年中，中国的经济实力在相对宽松的外部环境下得以迅速发展，经济总量已跃居世界第二位，成为仅次于美国的世界第二大经济体。2008年金融危机以来，欧美发达国家经济实力相对下降，复苏也呈现出缓慢趋势，以中国为代表的新兴经济体率先回升并引领世界经济复苏，不仅成为世界经济增长的主要引擎，而且凭借充裕的外汇储备成为稳定国际金融体系的重要力量。奥巴马在澳大利亚国会的演讲中表示，将与中国发展更富合作性的关系作为“亚太再平衡”战略的五根支柱之一。虽然中美围绕朝核问题、气候变化、WTO改革等议题展开了有效合作，但是在“亚太再平衡”战略下，美国军事力量逐步向亚太地区转移，利用南海问题策动周边国家与中国发生摩擦，积极介入缅甸国内政局变化等，仍以围堵中国为主要目标。

美国战略界普遍认为，中国在地区和全球经济与安全事务中的影响不断增长，东亚原有的战略平衡正在被中国的崛起打破。美国在亚太地区盟国出现分散化和离心倾向，如日本、韩国、澳大利亚、泰国拉近与中国的关系，亚洲经济一体化进程或是排挤美国，或是没有美国参与。中、俄、印同步崛起，中国在东亚影响力急剧上升和扩展，美国在这一地区的主导地位受到历史性挑战。不少美国同盟出现显著的“安全上依赖美国、经济上依赖中国”的务实选择，其中以韩国和澳大利亚较为突出，美国虽然是这两个国家的军事盟国，但中国却是两国的最大贸易伙伴。2009年，中国GDP达到335353亿元，比2008年增长8.7%。[①] 2010年以来，中国经济稳步提升，年均经济增长速度稳定在7%以上，

---

① 根据中华人民共和国国家统计局数据整理，http://data.stats.gov.cn/search.htm?s=2009%20%E4%B8%AD%E5%9B%BD%20GDP。(上网时间：2017年11月13日)

2010 年到 2014 年，GDP 从 40 万亿人民币增至 63 万亿人民币，稳居世界第二。[①] 这为中国影响力的提升打下了基础，也成为扩展合作的重要前提。2014 年，21 个首批意向创始成员在北京签约，共同决定成立亚投行。美国认为亚投行的建立将挑战现有国际金融秩序安排，试图阻挠盟友加入亚投行筹建过程。[②]

奥巴马政府第二任期积极介入地区经济自由化安排，大力主导并推进 TPP，提升美国经济竞争优势。2013 年 3 月 11 日，美国国家安全事务助理多尼伦在亚洲协会上讲到，美国经济“再平衡”的核心是 TPP，它将使地区经济开放、透明，贸易投资自由化，环境可持续。TPP 既是经济目标，同时也是战略目标。[③] 2013 年日本加入 TPP 谈判，标志着除已与美国签署 FTA 的韩国外，亚太地区重要经济体只有中国完全被排除在外。2016 年 2 月，奥巴马表示，TPP 将让美国而不是中国，书写 21 世纪的道路规则。[④] TPP 是美国遏制中国发展的重要战略手段，其充分利用自身的经济、政治、外交、文化等领域的优势，借助亚太盟国，在经济上施压，战略上围堵，形成联合阵势。同时，TPP 除了密切美国和日本的关系之外，也有助于加强美国与澳大利亚、新西兰和新加坡等亚太其他国家的关系。同时，美国的影响力将进一步辐射亚太安全领域。

四、美国推进 TPP 的有利条件

首先，美国超强实力和亚太同盟关系是推进 TPP 的先天优势。美国

① 宋国友：“TPP：地缘影响、中美博弈及中国选择”，《东北亚论坛》2016 年第 2 期，第 70 页。

② “America’s AIIB Disaster：Are There Lessons to be Learned?”，March 18，2015，http：//thediplomat. com/2015/03/americasaiibdisasteraretherelessonstobelearned.（上网时间：2017 年 11 月 13 日）

③ “Complete Transcript：Thomas Donilon at Asia Society New York，” http：//asiasociety. org/newyork/complete – transcript – thomas – donilon – asia – society – new – york.（上网时间：2017 年 11 月 15 日）

④ “Statement by the President on the Signing of the Trans – Pacific Partnership，” February 3，2016，https：//obamawhitehouse. archives. gov/the – press – office/2015/10/05/statement – president – trans – pacific – partnership.（上网时间：2017 年 11 月 15 日）

在经济、军事、政治影响力、创新和文化等领域具有其他国家无法比拟的超强实力。美国经济是全球金融体系的基础，全球超过80%的金融交易用美元进行结算。美国有高度发达的现代市场经济，国内生产总值和对外贸易额均居世界首位，对在亚太地区“交朋友”有巨大吸引力。美国亚太同盟是冷战留下的重要战略资产。2010年5月，奥巴马政府发表的《国家安全战略报告》中指出，美国与日本、韩国、澳大利亚、菲律宾和泰国的同盟是亚洲安全的基石和亚太地区繁荣的一个基础，美国将继续深化和更新这些同盟以反映本地区变化的动力和21世纪的战略趋势。奥巴马政府的同盟政策不局限于狭义上的传统军事合作，而是向更宽更新的领域拓展。美国通过建立包括日本、澳大利亚等盟国在内的贸易集团，促使其他盟国向其靠拢，为TPP打造更大的平台。

美国拥有全球规模最大的消费市场，美国的制造业大部分实现了海外转移，需要进口大量商品和服务以满足国内庞大的消费市场，对亚太国家商品出口具有极大诱惑力。各个国家都希望将本国的产品销往美国，与之建立自由贸易区。TPP成员国中小国居多，市场规模不大，加入TPP是进入美国市场最便捷的途径。例如在近年来越南的最大进口国名单中，美国经常居于首位。据统计，2010年，越南和美国之间的双向贸易额达到180亿美元，其中越南对美国出口140亿美元。这个数字占越南出口总额的24%，但小于美国进口量的1%。①

表2—4　近年来美国对外贸易情况（单位：亿美元）

年份	2014年	2015年	2016年
商品和服务进口总额	28662	27644	27129
商品和服务出口总额	23759	22639	22081
逆差	4903	5004	5048

资料来源：中华人民共和国外交部网站。

① VCCI's Annual Report 2010.

其次，美国在TPP谈判中牢固占据主导地位。美国分别是WTO和APEC的创始成员国，在双边FTA的规则制定中一直发挥领导作用。2009年美国宣布加入TPP谈判，是谋求建立以美国为核心的亚太多边合作机制的战略构想。美国是TPP最大成员国，通过TPP掌控亚太经济一体化主导权。TPP谈判受到地区内不少国家的关注和支持，这些国家希望在把美国“拉进来，留下来”以平衡中国的同时，也努力在中美之间保持平衡。美国的主导地位决定TPP始终贯彻美式价值观，主要体现在两个方面：一方面，美国掌控TPP新成员的选择权和决定权。2012年6月，美国批准加拿大和墨西哥参加TPP谈判，归因于将美国与加拿大、墨西哥已签署代表第一代高标准的北美自由贸易协定，未来谈判难度相对较小。2013年7月，美国批准日本加入TPP谈判，源于日本在东亚的经济地位和日美紧密的同盟关系，增加TPP亚太竞争力。另一方面，美国主导制定TPP谈判内容，成员国必须在美国的框架中进行合作。TPP谈判内容以维护美国经济利益为核心。例如新成员加拿大和墨西哥面对TPP谈判的苛刻条件，不得对已经达成的协议提出异议，对即将达成一致的协议也没有发言权。

最后，美国技术创新和对外直接投资优势明显。综合国力的竞争以经济实力和技术创新为基础，美国主导全球经济，知识和技术密集型产业具有垄断性优势。尽管全球化时代美国的技术创新优势与新兴经济体的差距在逐步缩小，但在关键领域仍然有着明显差距。据《科学与工程指标2016》的统计显示，美国以高达39%的高技术制造业和知识密集型服务业对其GDP贡献比遥遥领先于其他国家。

美国长期以来稳居世界第一投资大国的地位。2000年至2007年，美国对亚太地区的投资显著增长，虽然受金融危机影响美国在亚太地区的投资规模有所回落，但当前亚太地区仍是美国对外直接投资的重点区域，与美国在拉美投资规模大致相当。TPP成员中的新加坡和澳大利亚是美国在亚太地区的重点国家，投资超过在整个亚太地区投资的50%。

第二节　美国主导 TPP 的特点

TPP 是以高标准和高质量为特征的高层次自由贸易协定，奥巴马政府主导的 TPP 力求打造成“21 世纪自由贸易协定范本”，标志着 TPP 合作目标从达成基本的优惠贸易安排拓展为建立全方位的区域经济合作“范本”。TPP 的特点可以从其自我界定的特点，以及相对于现有 FTA 的显著特征两个方面进行分析。

一、TPP 自我界定的特点

2015 年 10 月，TPP 成员国部长们宣布结束有关谈判，谈判结果是产生了一份高标准、高目标、全面且平衡的协议，其宗旨是在缔约国促进经济增长，支持工作岗位的创造和维持，增进创新、生产力和竞争力，提高生活水平，减少贫困，进而促进透明度、良好治理以及劳动和环境保护。其中定义了 TPP 的五大关键特征：一是全面的市场准入。TPP 将在货物和服务贸易的几乎一切领域消除或削减关税及非关税壁垒，覆盖贸易的全部范围，包括货物和服务贸易及投资，以便为缔约国的企业、劳工和消费者创造新的机遇与利益。二是实现承诺的区域性方法。TPP 将促进生产和供应链的发展，促进“无缝贸易”，提升效率，支持工作岗位的创造和维持，提高生活水平，增强环保力度，促进跨境融合，促进国内市场开放。三是应对新的贸易挑战。为增进创新、生产力和竞争力，TPP 将应对新问题，包括数字经济的发展、国有企业在全球经济中的角色等。四是包容性贸易。TPP 包含一些新的要素，试图保障不同发展水平的经济体、不同规模的企业都能从贸易中获益。它包含了一些承诺，旨在帮助中小型企业理解这份协议，利用它所带来的机遇，并提醒 TPP 各缔约国政府关注中小企业所面临的独特挑战。它也包含了一些特别承诺，旨在促进各方发展并帮助其提升贸易能力，确保各方都能兑现协议中的承诺并充分利用其益处。五是区域一体化平台。TPP 意在为区域经济一体化提供一个平台，它从设计上就鼓励其他亚太地区经济体加入进来。①

TPP 的特点体现在成员国开放市场，建立高标准的贸易规则，致力于解决 21 世纪全球性的经济问题，以达成促进美国和太平洋地区的就业及经济增长的目的。“2015 年两党国会贸易优先与责任议案”（TPA-2015）明确指出美国参与 TPP 谈判的重点领域，这些领域的确定经历了国会、利益集团和公众舆论的参与和深刻讨论，以符合美国国家利益为谈判目标。2016 年 5 月，奥巴马在《华盛顿邮报》撰文称，美国主导 TPP 执行高标准，将确保由美国而不是中国等国书写 21 世纪贸易规则。TPP 是奥巴马政府“亚太再平衡”战略的经济部署，反映了美国的经济利益和价值观。

二、与其他 FTA 对比的特点

（一）TPP 追求“广覆盖”

现有的区域经济一体化组织的一个显著地理属性是相互毗邻，具有区位、资源、建设条件、技术、产业和经济发展水平等多方面的优势。例如，欧盟由西欧国家组建的欧共体发展而来，北美自由贸易区由北美相互接壤的三个国家组合而成，东盟由东南亚联盟扩展而成。TPP 与现有区域经济合作机制相比，最突出的特征之一即是它的跨区域性。TPP 共有 12 个成员国，包括美国、日本、澳大利亚、加拿大、新加坡、文莱、马来西亚、越南、新西兰、智利、墨西哥和秘鲁。TPP 成员国分布在亚洲、北美洲、南美洲、大洋洲，是可以与 APEC 成员分布区域相媲美的区域经济一体化组织。就亚洲分布而言，TPP 成员国主要集中在东

---

① Office of the United States Trade Representative, “Summary of the Trans-Pacific Partnership Agreement”, October 2015. https://ustr.gov/about-us/policy-offices/press-office/press-releases/2015/october/summary-trans-pacific-partnership.（上网时间：2017 年 11 月 16 日）

亚，也是亚洲经济发展最具活力的区域。

TPP 成员国人口约占全球人口的 11%，GDP 约占全球的 40%，贸易总量约占全球的 1/3，超越欧盟成为全球最大的自由贸易区。TPP 成员国均为 APEC 成员，既包括发达国家，也包括发展中国家；既包括以制造业为主导产业的国家，也包括以资源为主导产业的国家。TPP 包含世界第一大和第三大经济体的美国和日本，对亚太区域的经济合作乃至世界经济格局产生深远影响。

（二）TPP 追求“宽领域”

奥巴马政府推进 TPP 谈判，力求实现为美国创造更多就业机会，推动商品和服务的转型升级，建立有效的市场准入，执行严格的劳工标准和环境保护标准，突破贸易壁垒，增强中小企业的竞争力，完善知识产权保护等多方面措施。TPP 正文共分 30 章、28 个实体性和程序性议题为区域贸易设立规则。TPP 文本议题可分为四类：第一类是传统议题的深化。传统议题包括货物、投资和服务三大主题。TPP 一方面对这些内容进行深化，另一方面对经济发展较为重要的项目单独设章。这包括货物贸易、投资、服务贸易等章节。第二类是深度一体化议题。包括政府采购、竞争政策、知识产权、劳工、环境等章节。这些章节增加了适用于争端的解决机制，对促进创新、新经济发展等提出了更高标准，体现了美国等西方发达国家的商业价值观。第三类是横向新议题。TPP 文本与美国和亚太国家签署的 5 个 FTA 文本进行比较发现，TPP 中有 1/5 的议题为新增议题。包括合作和能力建设、竞争力和商务便利化、发展、中小企业、监管一致性、透明度和反腐败。这些内容将国内规则向区域规则扩展，体现了 TPP“高标准、高质量、高层次、面向 21 世纪”的特征。第四类是其他制度性议题。包括争端解决机制、初始条款和总定义、例外和一般条款、管理和机制条款、最终条款。TPP 以促进区域贸易自由化为特点，以构建具有一定排他性的价值链为目标，适应了 21 世纪数字经济时代发展的需求，立足于促进中小企业发展，边界内规则占较大比重，也兼顾了发展多样性的特点。

表2—5　TPP文本内容分类

深化传统议题	深度一体化议题	横向新议题	其他制度性议题
货物贸易	政府采购	国有企业和指定性垄断企业	初始安排和总定义
纺织和服装	竞争政策	合作与能力建设	争端解决
原产地规定	知识产权	竞争力和商业促进	行政与制度安排
海关管理和贸易便捷化	劳工	发展	例外
卫生和检疫措施	环境	中小型企业	最后安排
技术性贸易壁垒		规则的协同性	
贸易救济		透明度与反腐	
投资			
跨境贸易和服务			
金融服务			
商务人员临时入境			
电信			
电子商务			

资料来源：美国贸易代表办公室（USTR）官网。

TPP覆盖广泛的贸易和贸易相关问题，包括货物贸易、海关和贸易设施、卫生检疫措施、贸易的技术壁垒、贸易救济、投资、服务、电子商务、政府采购、知识产权、劳动、环境以及一些“横向”章节。全面的市场准入便于在货物和服务贸易领域消除或削减关税及非关税壁垒，有利于为缔约国的企业、劳工和消费者创造机遇和利益，旨在确保TPP能够胜任其使命，既能增进发展、竞争力和包容性；又能裁决争端，界定例外并提供制度性安排。①

TPP中大多数议题已经为WTO协定所涵盖，例如货物贸易、原产地规则、技术性贸易壁垒措施、反倾销反补贴、服务贸易、知识产权、

① Office of the United States Trade Representative, “Summary of the Trans - Pacific Partnership Agreement”, October 2015. https://ustr.gov/about - us/policy - offices/press - office/press - releases/2015/october/summary - trans - pacific - partnership.（上网时间：2017年11月16日）

争端解决等，但TPP提高了这些议题的标准，同时纳入了一些新议题。TPP的基本结构与其他FTA也不存在实质性差异。

（三）TPP追求“高标准”

1994年北美自由贸易协定（North American Free Trade Agreement，NAFTA）确定了美国第一代高标准FTA的模板，将竞争条款、工业标准条款、知识产权条款、环境条款等纳入双边FTA协定。[①] TPP是NAFTA之后美国建立的第二代高标准FTA的模板，超越了亚太地区现有FTA的水平，从贸易规则一直扩展到社会规则、环保规则、甚至是政府规则。这些新规则通过将新的元素（如环境和劳工）引入国际贸易的竞争成本，以强化美国和日本等发达国家在国际竞争中的优势地位。[②]美国为TPP设置“高标准”的目的包括：一是确保中小企业竞争力，将国有企业排除在优惠政策之外；二是加强知识产权保护以及维护美国的创新地位；三是在互联网领域排除服务器和技术“强制本土化”；四是确保对TPP成员国低门槛甚至无门槛的市场准入。TPP的高标准主要体现在以下几个方面：

一是在传统议题领域，TPP具有比WTO更为自由便利的规则。传统议题包括货物、投资和服务三大主题。在市场准入方面，TPP全面推动货物和服务市场的开放。TPP在货物贸易市场准入方面推行零关税以实现国家间货物的自由流通。TPP实施后，大部分成员国零关税比重将达到80%以上，其中澳大利亚、文莱、加拿大、智利、新加坡、新加坡和美国7个国家零关税比重将达到90%以上。同时，TPP采取负面清单手段推动服务贸易、金融服务、电信服务等领域的开放。负面清单的谈判方式要求除信息安全和国家利益相关的服务业以外，其他服务业需要在最大程度上全面开放。其中，美国在金融服务领域的承诺开放水平

① 东艳、冯维江、邱薇：“深度一体化：中国自由贸易区战略的新趋势”，《当代亚太》2009年第4期，第122页。

② 潘晓明：“TPP高标准国际贸易规则对中国的挑战及应对策略”，《国际展望》2015年第5期，第104页。

与其他发达国家相比并不算高，美国以较小的代价成功打开其他成员国的金融服务市场，降低了美国企业在负面清单的保留措施中受到的损害程度。在投资政策上，TPP 投资范围扩大，加强对投资者的保护。将 TPP 与 WTO、美韩 FTA、美国 BIT、中韩 FTA、中澳 FTA 对比发现，TPP 投资章节的规定最为详尽、争端解决方面的标准更为严格。征收问题是美国推动谈判的重要内容之一，美国不允许政府直接或间接对投资者进行征收。有关投资的谈判还涉及国际贸易体系的改变，引入“投资者—国家争端解决机制”。TPP 对国有企业行为进行了限制。在投资方面，TPP 将限制成员国政府以有利于本国国有企业或行业领先企业的方式实施技术引进。

二是在竞争政策上，TPP 范围更广，规定更为严格。竞争政策的核心包含两个方面，即促进国内竞争和国家间的政策协调。与现有 FTA 关注国有企业、垄断企业规则问题相比，TPP 竞争政策章节主要是反垄断法律与措施方面的规定，以确保在获得信贷和其他形式的政府资助上不存在不公平的竞争优势。TPP 强调了各方保证市场主体在竞争法框架下寻求救济和赔偿的权利，给予了各类企业国民待遇原则，是对现有 FTA 竞争政策的补充。① TPP 竞争政策新特点包括：在竞争法实施中确保程序公正，为各成员国建立或维持法律体系，确保禁止商业欺诈活动提供地区性的标准准则。② TPP 竞争政策鼓励以市场机制为导向，保护消费者权利，反对垄断行为。在合作方面，美方认为 TPP 是迄今为止唯一一个美方认可的、愿意为发展中国家提供正式和永久的合作框架。③ TPP 的合作与能力建设条款中强调美国和其他发达国家缔约方承诺会为缔约方中的发展中国家提供技术支持和能力建设。

---

① 葛顺奇、刘晨：“TPP 透视：‘竞争政策’议题分析”，《国际经济合作》2015 年第 11 期，第 16 页。

② 中国社会科学院世界经济与政治研究所国际贸易研究室：《跨太平洋伙伴关系协定文本解读》，中国社会科学出版社 2016 年版，第 198 页。

③ 中国社会科学院世界经济与政治研究所国际贸易研究室：《跨太平洋伙伴关系协定文本解读》，中国社会科学出版社 2016 年版，第 250 页。

三是在劳工政策上，TPP 提高劳工标准。TPP 劳工条款的依据是美国 2007 年的《两党贸易协议》，TPP 把劳工基本权利作为协定的核心。TPP 除了提出各成员国在各自法律和实践中采取或维持国际劳工组织 1998 年宣言所承认的核心劳工权利，即结社自由和集体谈判权、消除强迫劳动等外，还要求各成员国阻止强迫劳动或童工生产的产品进口，即包含强迫劳动产品成分的产品进口，包含无论这些成分的来源是否为 TPP 缔约方。劳工标准的制定对实现国际劳工组织倡导的体面就业有积极作用，最终将整体提高生产效率，加快产业转型升级。但对劳动密集型的发展中国家而言，TPP 的劳工政策将加大生产成本，削弱国际竞争力。

四是在知识产权保护方面，TPP 提出更为严格的执行体系。目前，《与贸易有关的知识产权协议》（TRIPs）是国际通用的知识产权规则，《反假冒贸易协议》是国际知识产权执法领域的最高标准。TPP 的知识产权保护包括民事程序、临时措施、边境措施，以及针对商业规模的商标假冒和侵犯版权等行为采取刑事程序和惩罚等，在侵权认定要件、损害赔偿额度等多个具体细节上加大了通过执法打击侵权行为的力度，缩减了各国知识产权执法规定的弹性空间，将成为目前知识产权执法领域的最高标准。TPP 知识产权政策具有新特点，其中多项为首次提出，具有里程碑意义。一是对商业窃密行为惩罚方面，TPP 是首个要求对商业秘密盗窃行为进行惩罚的 FTA。二是关于国有企业的说明中，TPP 是首个宣称国有企业同样受到知识产权实施细则约束的贸易协定。三是 TPP 要求对亚太地区盗版现象及盗版产品供应链带来的挑战采取应对措施。四是知识产权保护条款在数字环境下的应用方面，TPP 是首个宣称知识产权保护条款既适用于实体产品，也适用于线上产品和数字产品的 FTA。五是在促进新的电子商务交付模式发展方面，TPP 采取额外措施促进数码贸易的合法化，体现了其多样性的特点。六是 TPP 要求缔约方可以在版权体系下保留例外和限制条款。七是 TPP 要求缔约方保证限制域名的抢注。八是 TPP 对生物制剂和药品的知识产权保护设立额外条款。九是 TPP 完善针对地理标识使用的法定诉讼程序和惩罚措施。十是

TPP加强对中小企业知识产权的保护，加强发展中国家的科技援助和合作。

以规则为基础的国际经济合作是全球市场经济的法制建设。TPP成员国的立法机构如果通过TPP，那么TPP将成为一套新的国际经济法，在未来的国际贸易投资过程中，将消除国家间经济活动的随意性以及政府更迭的不确定性。从长期来看，TPP的高标准代表着新的国际贸易规则的制定方向。

（四）TPP以规则为导向

与传统亚太区域经贸合作相比，TPP具有“硬机制”的特点，改变了缺乏法律约束力的弹性机制特点。为确保TPP的严格执行，规则制定和规则履行地位同样重要。美国主导的TPP格外关注规则履行部分。TPP除传统议题外，所涵盖的规则和标准要超过现行的自由贸易区协定，实现了从“边境壁垒”到“边境后壁垒”的延伸。TPP的生效或实施须经缔约国立法机构审议通过，因而是一个具有很强法律效力的制度安排。为了实现既定目标，TPP成立了跨太平洋伙伴关系委员会，还就能力建设、竞争力、发展、中小企业、监管一致性、争端解决等领域设立了专门委员会，以确保其相关条款的有效实施。①

TPP的争端解决机制分为两个部分。TPP争端解决章节侧重于一般性争端解决机制和替代性争端解决机制，与WTO争端解决机制类似。投资章节的“投资者—政府争端解决机制”（Investor-State Dispute Settlement，简称ISDS）备受争议。美国主导的TPP将ISDS纳入其中，比美韩FTA和美国BIT范本更加丰富。TPP规定在投资授权和投资协定争端中应诉方有反诉的权利，同时在提请仲裁的时限方面规定为3年零6个月。TPP给外国投资者更大的权利，同时美国投资者使用次数最多并且全部获胜，对合作机制提出更高要求。TPP的争端解决机制既包含政

① 吴涧生：“TPP与一带一路的比较与启示”，《中国发展观察》2016年第13期，第17页。

府间的争端解决机制，又包含 ISDS，在制度上保证了 TPP 缔约国的严格执行。

TPP 的排他性体现在两个方面：一是成员的选择性。作为区域性经贸协定，TPP 并非向所有亚太区域经济体开放。美国主导 TPP 的谈判议程设置、新成员的加入、谈判议题的妥协、谈判结束的最后期限等多方面，成员的选择基本上是美国意志的体现。另一方面，规则的歧视性。在原产地规则方面，以纺织品为例，TPP 规定纺织品中从纺纱开始必须确定原产地，所有产品原材料必须在 TPP 内部购买，否则不享受免税政策。TPP 在促进成员国贸易和投资关系的同时，将对非成员国产生贸易转移效应，从而损害非成员国利益，具有歧视性和排他性。因此，TPP 的合作机制体现了鲜明的“美国特征”，在亚太地区划分“会员俱乐部”。

第三节　对 TPP 的评估

TPP 作为美国自贸区战略的重要组成部分，一方面具有作为国际贸易体系中的区域性公共产品，并通过形成统一市场来促进各参与方经济发展的国际制度性质；另一方面，作为美国“私有化”的权力工具之一，强化安全同盟和重建国际规则构成 TPP 的主要战略目标。换言之，美国主导下的 TPP 是一个经济、政治的复合体。[①]

一、在战略上遏制竞争对手

美国推进 TPP 的目的是为了在政治、军事、经济上重返亚太，以谋求更大的利益。21 世纪以来，中国积极参与并推动东亚经济合作，取得明显成效，而美国的介入将影响中国在该地区作用的发挥，制约中国的东亚区域合作主导权。在短期内，TPP 导致亚太合作格局更趋复杂，

① 蔡亮著：《日本 TPP 战略研究》，时事出版社 2016 年版，第 15 页。

从长期看将强化美国的“亚太再平衡”战略。

TPP 的推进不但能巩固美国与亚太地区传统盟国日本、新加坡、澳大利亚等国的经济联系，也将有助于提升美国在亚太地区的政治和军事影响力。美国将在现行的亚太政治合作机制中，更多采用适度支持东盟各国以制衡中国的策略，争取逐步建立美越、美泰、美马等政治联盟。美国将通过官方表态、军售和联合军演等方式，适度支持东盟部分国家与中国在海洋权益问题上的进一步对抗，从而增强美国在亚太地区的军事影响力。美国“亚太再平衡”战略将进一步缩小中国的战略空间，从政治、经济、安全、军事等多方面进行围堵。需要特别指出的是，在现行国际法框架下，虽然中国政府对台湾地区以独立关税区的身份加入 TPP 具有足够约束力，但不排除台湾地区可能会通过加入 TPP 作为筹码谋求更多利益，进一步破坏两岸关系。此外，TPP 对中国的区域合作战略、经济发展战略、对外贸易和投资策略、外交政策特别是对美国的政策将产生一系列的冲击和影响。

二、在制度上维护经济霸权

奥巴马政府力推 TPP 的首要目标是维护美国经济霸权，因此 TPP 的经济效应最受美国国内关注。奥巴马政府推进 TPP 的“高标准”“边境后措施”等规则已经远远超出传统的贸易自由范畴，从贸易规则一直扩展到社会规则、环保规则，甚至是政府规则。TPP 谈判的成功得益于 12 个成员国，协定的重要性将超越贸易自由化。作为亚太地区美国主导的排他性区域贸易谈判，如果各国国内顺利通过，将成为亚太地区构建国际贸易和投资规则的基础。总体而言，TPP 文本的达成从更高的标准上为亚太自贸区和亚太经济一体化开辟了一个新的路径，成为亚太经济一体化的新选择。

TPP 将为美国带来总体收益。21 世纪以来，美国在亚洲地区的经济参与度不高。2000 年，美国是马来西亚最大的出口市场和第二大进口来源地；2010 年，美国下降为马来西亚第三大出口市场和第四大进口来源地。奥巴马政府积极推进 TPP，使美国在亚太地区经济参与实现从被动到主动、从边缘到核心的转变。贸易政策上，TPP 代表了自由贸易协定谈判的一个重要演变。成员国通过谈判协商取消传统的关税壁垒和配额，同时促进新领域的监管和法律协调。谈判的内容包括农业、金融服务、原产地规则、投资、知识产权、劳工和环境标准、政府采购，以及非传统议题，如国有企业竞争、健康和安全法规、供应链管理等。这些额外的维度，加上 TPP 可能继续扩大其成员国地位，使这一预期协议在美国的国际经济政策中具有特殊意义。

对于美国而言，TPP 是贸易政策的巨大潜在突破，也是美国领导力不可或缺的舞台。TPP 中的加拿大和墨西哥同时也是北美自由贸易协定的成员，进一步促进北美的一体化制造供应链。它为美国经济的关键部门提供了巨大的利益，包括汽车、农业、制药和电信，并在俄亥俄和加利福尼亚等关键州创造特殊的经济机遇。① 从战略上讲，TPP 可能是美国外交政策根本性调整的一个重要因素，在亚太地区建立一个与美国相关联的贸易网络，并从全方位主导亚太经济一体化进程。在 WTO 进程似乎失去关键动力之际，TPP 将为以规则为基础的全球经济贸易提供强劲的助推力。美国在亚太地区的竞争力建立在实力优势之上，TPP 消除贸易壁垒将进一步扩大美国竞争力，美国将成为基于规则的全球贸易体系的主要受益者之一。TPP 的达成将会成为一个强有力的催化剂，加速亚太贸易体制向规则性、高标准转变，这将在亚太地区催生一场区域贸易合作机制的竞赛。而共同支撑美国主导权制定的除 TPP 之外，还包括 2012 年启动的“全球诸边服务业贸易谈判”、2013 年的 TTIP。对此，通过三大自由贸易协议谈判的三管齐下，美国试图在已经发生重大变化的国际贸易格局中重新占据主导地位，并且通过制定新一代的国际贸易

---

① Phil English, “TPP: An Opportunity for American Leadership in the Asia - Pacific Economy”, *The Ripon Forum*, Vol. 46, No. 3, 2012. http://www.riponsociety.org/article/the-trans-pacific-partnership/.（上网时间：2018 年 4 月 1 日）

规则保持自身规则制定者的重要角色。①

TPP 将增加美国就业率，实现出口贸易增长。利用国际贸易恢复经济增长和增加就业是奥巴马政府的首要任务。TPP 协议覆盖范围宽泛，TPP 的达成将显著扩大美国货物和服务的出口，带来丰厚外汇。TPP 针对美国工人和企业的改变是通过减少各国对超过 1.8 万种美国制造所征收的进口关税，为美国的农民、农场主、制造商、中小企业在亚太市场的竞争中获利，扩大美国就业。以汽车行业为例，TPP 将消除成员国对美国汽车出口 70% 的进口关税。2014 年，美国向 TPP 成员国出口了价值 890 亿美元的汽车产品，而汽车发动机制造企业面临 TPP 成员国 55% 的进口税。TPP 实施后实行零关税，将扩大美国汽车出口。根据要素禀赋理论的分析，美国在 TPP 成员国中具有比较优势的产业集中在高技术密集型产业和农业。TPP 将消除成员国对美国信息和通信技术产品高达 35% 的进口关税和农产品进口关税，TPP 实施后美国大多数农产品将获得免税待遇，成为最具竞争力的商品。

从贸易顺差视角进行分析，TPP 框架下的北美传统伙伴加拿大、墨西哥均给美国带来了贸易赤字。TPP 框架下的亚洲国家中，美国与日本、越南、马来西亚等贸易赤字常态化。TPP 框架下的南美洲国家为美国带来了贸易顺差，但规模相对较小。TPP 框架下美国贸易顺差主要集中在大洋洲。美国通过在亚太地区构建 TPP，进一步增加在这些成员国中的出口市场份额。美国通过 TPP “高标准” 的设定，筛选了美国进口的货品种类，抑制了进口规模，有助于减少贸易逆差现状。出口贸易的增加将带动美国国内就业，美国熟练劳动力的发达程度在 TPP 成员国中具有领先优势。亚太地区人口红利是经济增长的劳动力来源，TPP 通过提高区域内劳工标准，将有效遏制人口红利国家非熟练劳动力价格优势，帮助美国劳动者在劳动标准低价竞争的环境中扭转局面。此外，中小企业是美国就业增长的主要驱动力之一，TPP 鼓励中小企业参与全球

① 李巍、张玉环：“奥巴马政府国际贸易战略走向与中国的应对”，《国际关系研究》2014 年第 2 期，第 121 页。

竞争，通过消除贸易壁垒挖掘海外市场潜力，提高美国企业竞争力和就业率。

三、在贸易上排挤竞争对手

美国偏好决定成员国范围。美国主导的 TPP 将所有金砖国家排除在外，希望利用 TPP 制定的贸易投资新规则对 WTO 中的发展中国家尤其是新兴经济体施压。TPP 的“高标准”实际上形成对除美国以外的其他国家的制度制约，在诸如环境和劳工规则等方面体现了美国价值观以及对逆全球化势力的妥协，与 WTO 的贸易投资自由化并不一致。美国主导 TPP 一方面促使新兴经济体在 WTO 谈判中做出让步，另一方面则是削弱这些国家对新的国际规则的影响力。中国是全球第二大经济体，但在参与新的经贸规则的制定上，中国却被美国排除在 TPP 之外。围绕中国参与 TPP 谈判问题，美国贸易代表办公室认为，中国参与 TPP 谈判的前提是中方应积极推进美中投资协定谈判。美国官宣的立场和实际的态度存在较大矛盾性。从经济上看，中美存在所谓贸易不平等问题。1979 年中美建交至 1992 年，中美贸易以美方顺差为主。但 1993 年以来，中美贸易基本呈现中方顺差，且数额逐渐庞大的趋势。从行业结构来看，中美贸易有一定互补性。中国对美国的出口产品主要是机械设备仪器（根据分类主要是家电、电子等类别，占出口总量 47%）以及纺织品（11%）、金属（8%）、鞋帽伞（5%）等。美国对中国出口的产品则主要集中在机械设备仪器（31%，主要是资本品）、运输设备（21%）、植物产品（11%）、化工产品（8%）等。概括来说，中国对美国出口偏消费品，而美国对中国出口偏资本品和科技产品，中美贸易实际存在互补性。美国参与并主导 TPP 初始，中国对 TPP 的看法比较负面，认为是美国遏制中国发展的经济手段，并在未来存在“二次入世”的尴尬局面。但随着 TPP 谈判的不断深入和扩展，中国对 TPP 的态度由被动转向主动。中国商务部多次强调对 TPP 的关注，分析加入 TPP 的利弊和可能性。但是，美国对中国是否参加 TPP 谈判较为消极，在应有的立场和实际的态度之间存在巨大的矛盾性，紧紧把控经济和安全两个方面的主导权。美国将中国排除在外从根本上是想用制度约束的方式对中国施压，全方面掌控亚太主导权，遏制地区大国对美国的潜在挑战。

TPP与亚太其他区域贸易协定存在竞争性。除TPP之外，亚太地区最为突出的是以东盟为中心的RCEP。TPP未包括中国，而RCEP未包括美国，中国对推动RCEP态度积极，在16个成员国中经济体量最大。RCEP目标是达成一个现代、全面、高质量和互惠的自由贸易协定，成员国人口约占全球人口的50%，GDP、贸易额和吸引外资接近全球1/3，是当前亚洲地区最大的自由贸易协定谈判。TPP、RCEP几乎处于平行推进局面，均取得一定的成效，但在短时间内亚太经济一体化还会存在多头引领、相互掣肘的困局。随着美国主导的TPP阶段性谈判结束，RCEP与TPP覆盖区域有所重叠，短期之内，RCEP不会冲击美国在全球的战略布局，对美国在东亚实际利益的损害微乎其微。但从长期来看，TPP与RCEP的竞争是战略性的，两者的竞争性可能对整个区域乃至全球经济格局产生重大影响。

表2—6 TPP、RCEP对亚太主要国家的经济影响测算

国别	TPP	RCEP
美国	76.6（0.38）	-0.1（0.00）
中国	-34.8（-0.2）	249.7（1.45）
日本	104.6（1.96）	95.8（1.79）
韩国	-2.8（-0.13）	82（3.87）
东盟	62.2（1.67）	77.5（2.08）
新加坡	7.9（1.9）	2.4（0.58）
越南	35.7（10.52）	17.3（5.1）
马来西亚	24.2（5.61）	14.2（3.29）
泰国	-2.4（-0.44）	15.5（2.79）
菲律宾	-0.8（-0.24）	7.6（2.35）

续表

国别	TPP	RCEP
印度尼西亚	-2.2（-0.14）	17.7（1.14）
澳大利亚	6.6（0.46）	19.8（1.38）
新西兰	4.1（2.02）	1.9（0.92）
印度	-2.7（-0.05）	91.3（1.72）

（从2007年为基准，表2—6中的数据为2025年的GDP增长额，单位10亿美元，括号内为增长率，单位%）

资料来源：Peter A. Petri and Michael G. Plummer，ASEAN Centrality and the ASEN - US Economic Relationship，East - West Center，2014.

本章小结

奥巴马政府对TPP的认知决定了美国加入并主导TPP谈判。首先，奥巴马政府外交理念偏向实用自由主义，强调外交手段必须契合实际问题，突出实用性。其次，奥巴马政府将TPP作为美国“亚太再平衡”战略的经济支点。面对亚太地区对美国主导权力秩序的冲击以及在地区一体化进程中被边缘化的风险，美国希望通过“亚太再平衡”战略，强化同盟体系及发展新的伙伴关系，积极参与和主导地区多边机制，强化亚太地区的主导权。美国全面参与并主导亚太地区贸易合作机制，引领国际自由贸易新标准；分享亚太经济成果，牵制东亚一体化进程；重振美国经济，提升国内就业率。再次，中国崛起成为奥巴马政府力推TPP的主要外部因素。作为“亚太再平衡”战略的经济手段，TPP的战略目标之一即为削弱中国在亚太地区的影响力。虽然美国推行TPP的战略意图不是全部针对中国，但是也体现出对中国将在全球和地区事务中发挥怎样作用的疑虑。最后，美国拥有推进TPP的有利条件，保障了TPP谈判按照美国意志贯彻落实。

当前美国主导世界经济规则和国际秩序，TPP的规则即是以美国意图为主导并纳入谈判。TPP以“广覆盖”“宽领域”“高标准”为主要特征，目标是确保由美国而不是中国等国书写 21 世纪贸易规则。TPP 的协议内容和设定标准明显高于传统 FTA 水平，从贸易规则一直扩展至社会规则、环保规则甚至是政府规则。这些新规则通过将新元素引入竞争成本，加强美国等发达国家在国际竞争中的优势地位。

美国加入并主导 TPP，在战略上遏制中国崛起，在制度上维护经济霸权，在贸易上排挤竞争对手。然而，TPP 能否最终达成仍受困于美国国内政治因素，虽然 2015 年奥巴马政府从国会获得贸易“快速道”授权，但仍面临较多困难。

第三章　特朗普政府对TPP的认知及政策调整

2017 年 1 月 23 日，美国总统特朗普签署行政命令，正式宣布美国退出 TPP。美国在 TPP 的发展历程中起到主导甚至是决定性作用。随着美国的正式退出，TPP 迅速降温，预期效果大打折扣，亚太政治经济格局面临重新洗牌。本章旨在分析特朗普政府对 TPP 的认知因素，以及其退出 TPP 后对外经济政策的调整，以全面掌握认知转变的影响。

第一节　影响特朗普政府对 TPP 的认知因素

区域贸易合作机制的制定和发展受到多重因素的影响。TPP 从 P4 发展至 P12，其主要推手是美国，而特朗普宣布退出 TPP 谈判后，TPP 预期效果大打折扣。特朗普政府退出 TPP 源于美国对既有国际制度认知的重大转变，是国际环境变化和国内现实因素联合作用下的决定。

一、特朗普政府的外交理念：有原则的现实主义

特朗普政府以退出 TPP 为开端，先后退出多边条约和国际组织，与美国历史上的单边主义倾向和“美国例外论”传统密切相关。二战结束后，美国主导并建立了以多边国际机制为基础的自由国际主义秩序，但其对待国际组织一直秉承双重标准，即以维护美国利益为核心，对其

有利就大力支持，对其不利则大力反对或游走于制度之外。冷战结束后，小布什政府任期内的单边主义成为其标签，美国先后退出《京都议定书》《反弹道导弹条约》，反对《全面禁止核试验条约》，拒绝加入《禁止生物武器公约》和国际刑事法庭等。虽然奥巴马政府对小布什政府的单边主义行为进行了纠偏和矫正，但特朗普执政后，多边主义又被取代。

从表面上看，特朗普是“逢奥必反”，几乎全盘否定奥巴马政府时期的内政外交政策，巩固自己的选民基本盘。但从深层原因来看，特朗普所秉持的外交理念是“美国优先”，是有原则的现实主义。共和党向来坚持保守主义。从理念上来说，保守主义有着丰富的内涵和外延，并不是单一固化的。作为共和党总统，特朗普的外交思想具有保守主义倾向，但由于特朗普此前并没有从政经验，与其他共和党主流派系存在区别。特朗普作为反建制派的代表，既吸收以往保守主义政策的经验教训，又同冷战时代的传统保守主义保持一定距离。特朗普竞选的核心思想是“美国优先”，他以“让美国变得再次伟大”为口号，提出恢复白种美国人在生活中的主导地位和优越感，恢复美国在国际秩序中的领导权，同时保持美国“例外”特征。特朗普政府执政后，通过单边主义的行为方式来重塑全球化进程，屡屡采取“退群”行为。特朗普政府2017年1月以退出TPP为开端，6月退出气候变化《巴黎协定》，10月退出联合国教科文组织，12月退出《全球移民协定》。2018年5月美国退出伊朗核问题全面协议，6月退出联合国人权理事会，10月退出《维也纳外交关系公约》、万国邮政联盟、美俄《中导条约》等。2019年5月，美国退出《武器贸易条约》。2020年7月美国退出世界卫生组织，11月退出《开放天空条约》，以“退群”方式满足美国的国家利益。

首先，美国共和党出现向极右方向转型倾向。2008年金融危机爆发，使20世纪80年代以来新自由主义政策积累的经济、政治、社会矛盾集中爆发，美国经历21世纪以来的深刻巨变。桑德斯“占领华尔街”运动的失败与特朗普茶党运动的成功，以及与特朗普的政治纲领和竞选策略接近的罗姆尼在2012年获得6000万张民选得票的支持，说明早在2012年极右翼保守势力就已经在共和党内占据优势地位。[①] 大批茶党成员被共和党接纳为党内的重要政治力量，推动共和党向极右方向转向。美国政治极化现象和阶级斗争矛盾突出，出现美国大选中的特朗普现象。共和党在国会选举和地方州长选举中获得大面积成功，由此可见美国社会整体向保守主义倾斜。特朗普竞选期间曾表态，“没有哪个国家不把自己的利益放在首位就会繁荣起来。我们的朋友和敌人都把他们的国家利益置于美国之上。在此情形下，美国也必须开始做同样的事情，不再把国家及人民投到全球主义的虚假中去，民族国家仍然是幸福与和谐的真正基础”。[②] 特朗普上任之初，共和党把控美国白宫和国会，直接影响美国对外政策，强调美国应以本国利益为重。

其次，继承了“美国例外论”传统。“美国例外论”蕴含在美国人的人生观、价值观以及国民性格中，指的是一种把美国视为独特的国家且与美国天赋使命神话联系在一起的文化观念或意识。[③] “美国例外论”主要蕴含两层含义：一是扎根于美国人心中的一种信念，认为美国是自由平等、民主法治和贸易自由等优越制度的代表；二是根深蒂固的天赋使命感，认为将自由民主原则传播到世界，促进全人类福祉是上帝赋予美利坚民族的神圣使命。“美国例外论”在一定程度上使美国政府的对外政策具有“主动合作”和“我行我素”的特征。美国在参与国际合作的过程中，总抱有一种天生的优越感，不愿受到国际组织的束缚，一旦利益受损就会我行我素拒绝遵守国际规则。[④] “美国例外论”实质上已经成为美国凌驾于国际法之上，推行全球霸权主义和利己主义，干涉其他国家内政的借口和思想根源。

---

① 马钟成：“特朗普为何会登上历史舞台——关于特朗普、美国保守主义与法西斯主义的思考”，《世界社会主义研究》2017年第4期，第57页。

② Randall Schweller, “Three Cheers for Trump’s Foreign Policy: What the Establishment Misses,”, *Foreign Affairs*, Vol. 97, No. 5, 2018, p. 139.

③ 王晓德：“美国例外论与美国文化全球扩张的根源”，《世界经济与政治》2006年第7期，第46页。

④ 陈东晓：“试论国际制度的本质特征及其与美国霸权的互动关系”，《国际政治研究》2004年第3期，第11页。

再次，“美国优先”具有民族主义色彩。民族主义意识形态不仅造就了美利坚国家，同时也塑造了美国处理对外关系的观念和原则。美国公共话语中对民族主义的评价多数为贬义，但并不意味着民族主义在美国政治中的边缘化。事实上，民族主义是美国社会中最具影响力的思想和观念，尤其受到中下层白人支持。金融危机后，奥巴马政府相继推出的经济、金融改革措施在刺激美国经济增长方面后劲不足，失业率居高不下，中产阶级空前萎缩，贫困人口大量增加，收入分配不均和社会不公现象持续加剧，进一步加深了美国的党派分裂和阶级矛盾，也促使了“美国优先”受众面的扩大。西方现代主义民族理论认为，“是民族主义造就了民族，而不是相反”。①“国家伟大”思想成为美国民族主义意识形态的重要组成部分。特朗普的当选很大程度被视为民族主义盛行引发的美国政治生态变化的产物，也被视为逆全球化的标志性事件之一。特朗普认为，奥巴马政府所代表的建制派的全球主义政策处于失效状态，导致美国深陷泥潭，而美国则需要一位强硬、聪明且有能力使美国重新振兴的领导人，带领美国再次伟大。特朗普在就职演讲中强调“美国优先”，认为“所有关于贸易、税收、移民和外交事务的决策都将使美国工人和美国家庭受益”。全球化不仅意味着经济利益与贸易平衡，同时还包括全球事务的国际合作、目标和共识。民族主义者的反全球化示威实际上反映了更深层次的价值冲突。② 美国独特的民族主义意识形态导致美国乐于到国外去寻找主要竞争对手来强化自身的国家认同感和民族凝聚力。“美国优先”标志着美国民族主义的复苏，在追求国家的独立、安全、荣誉与强大以外，还要求保持美国全方位的领导地位。

最后，特朗普的“特立独行”具有鲜明的、有原则的现实主义色彩。其一，特朗普是商人出身，其政治理念和价值观受到商人思维的影响。相较于律师出身的奥巴马，法治立国观念在特朗普政治实践中的作

① ［英］厄内斯特·盖尔纳著，韩红译：《民族与民族主义》，中央编译出版社 2002 年版，第 73 页。

② 凌菲霞：“特朗普主义及其对美国价值观的影响”，《国外理论动态》2017 年第 6 期，第 106 页。

用微乎其微。① 特朗普将美国国家利益和美国经济利益挂钩，锁定国内支持群体，满足选民诉求，由此塑造一个强有力的领导人形象。通过特朗普2017年和2018年在联合国的演讲可以发现，他否认联合国作为国际组织的优先权高于美国国家主权的观点，认为应建立以美国利益为核心的世界秩序，这与奥巴马政府时期主张的大国权力接受国际机构和国际法约束才能维护世界安全的世界观截然相反。② 特朗普对民主和人权等议题不感兴趣，而这些议题却是近30年美国外交政策的落脚点，从中东到亚太，无论是保守主义的里根、自由现实主义的克林顿、新保守主义的小布什，还是摇摆不定的奥巴马，都将这些价值观视为美国参与对外事务的理由。特朗普在外交领域的主张包括所有外交政策以国家利益为依据，不反对自由贸易，但强调公平，这都是现实主义原则的体现。其二，特朗普的外交决策团队中具有鲜明的保守主义色彩。特朗普执政初期，其外交政策受到总统首席战略专家班农的极大影响，他用右翼民粹主义理论来影响特朗普的决策。美国副总统迈克・彭斯、国务卿雷克斯・蒂勒森等也是保守主义的坚定代表。同时，贸易保护主义倾向也在其经济政策决策团队中占据主流，代表人物包括商务部长威尔伯・罗斯、美国贸易代表罗伯特・莱特希泽、国家贸易委员会主任彼得・纳瓦罗等。2017年2月至4月，美国参议院对特朗普团队的审核程序直观的表明，新保守主义者完全控制了国会。特朗普2016年8月公布的经济团队中，反对自由贸易占主流，这决定了特朗普竞选期间的经济口号及未来对外经济政策，为美国退出TPP埋下伏笔。

---

① 阎德学、张雪岩："特朗普政府亚太地区联盟政策调整：动因、困境及前景"，《当代世界与社会主义》2020年第5期，第154页。

② John Fronte, "The 'Trump Doctrine' Is the Future of Conservative Foreign Policy", December 14, 2018, https://www.amgreatness.com/2018/12/14/the-trump-doctrine-is-the-future-of-conservative-foreign-policy/.

表 3—1 特朗普经济顾问团队成员

	经济顾问	职业	主要观点
经济学家	彼得·纳瓦罗	加州大学尔湾分校经济学教授	反对自由贸易
	史蒂芬·摩尔	《华尔街日报》高级经济学家	支持减税
	戴维·梅尔帕斯	美国经济研究与咨询公司总裁，曾于里根和小布什政府担任要职，辅佐两任总统的经济政策	促进中小企业发展、提倡“小政府”、反对 QE
商人及金融界人士	约翰·保尔森	亿万富翁、投资银行 Paulson&Co 主席	
	史蒂夫·罗斯	纽约商业地产公司 Vornado Realty Trust 创始人	
	霍华德·罗伯	维克多集团有限公司（主营地产、烟草）CEO	
	哈罗德·海曼	石油天然气开采和制造企业大陆资源公司创始人	认为石油应是能源政策核心
	丹·迪米科	钢铁生产商纽柯钢铁公司 CEO	
	史蒂文·努钦	特朗普财务主管、对冲基金 Dune Capital Management CEO	
	托马斯·巴拉克	洛杉矶私募股份公司柯罗尼资本创始人	拒绝建制派
	史蒂芬·考克	美国联邦储蓄银行董事长、CEO	
	安迪·毕尤	银行家	
	斯蒂芬·费伯格	资本管理 Cerberus 公司 CEO	

资料来源：根据美国白宫网站、民生证券研究院资料整理。

二、坚持“美国优先”，反对自由贸易和多边合作

贸易保护主义在美国有着深厚根基和持续生命力。经济史学家保

罗·巴洛克指出，在历史上自由贸易是例外，而保护主义才是惯例。① 奥巴马政府认为美国参与 TPP 是要为 21 世纪的贸易制定规则，以防止中国成为新的规则制定者，所以奥巴马政府在 TPP 上花的资源和精力主要用于规则制定，而且秉持开放主义的奥巴马政府也主要以美国市场的开放来引导其他国家打开市场，而不是以贸易保护相威胁。

特朗普在总统竞选期间就认为 TPP 会损害美国制造业，是美国潜在的灾难。特朗普政府认为，由于长期以来的高额贸易逆差和国内制造业萎缩，美国经济增长远远低于预期，关键在于改变以往自由而非公平的贸易理念，动用一切必要手段打击并纠正他国对美国的“不公平贸易”，在国际贸易竞争中为美国企业创造公平环境。② 与奥巴马相反，特朗普认为无论是制定规则还是 TPP 提供的零关税待遇、服务贸易大幅度开放、金融服务空前自由化等，都无益于实现他的主要经济目标，即推动产业、资本和工作迁移到美国。相反，TPP 可能出现相关产业从美国转移到其他国家。特朗普政府通过退出 TPP 等多边贸易协定，将“数以百万计的就业机会转移到美国海岸线上”。③

一方面，特朗普执政后，开启了“美国优先”的全球利益再分配。“美国优先”即世界并非一个全球社会，而是一个个国家、非政府力量和企业彼此争夺优势的竞技场，这是当前国际事务的根本特征。换言之，特朗普政府奉行的“美国优先”是丛林法则，零和博弈，赢者通吃。④ 无论是就业政策、产业政策、贸易政策、能源政策还是外交政策，都以纠偏“全球化轨道”为出发点，重构全球秩序与格局。2017 年 1 月 20 日，特朗普在其就职演说中承诺：“我们将遵循两条简单的原

---

① ［美］罗伯特·吉尔平，杨宇光等译：《全球政治经济学：解读国际经济秩序》，上海人民出版社 2006 年版，第 178—183 页。

② The White House, *National Security Strategy of the United States of the United States of America* (New York: The White House, 2017), pp. 19 – 20.

③ Corinne Reichert, “TPP: With Trump out, is China in?”, http://www.zdnet.com/article/tpp-with-trump-out-is-china-in/.（上网时间：2018 年 3 月 15 日）

④ 吴正龙：“特朗普的美国优先，对世界政治有何影响”，http://opinion.huanqiu.com/opinion_world/2017-08/11063809.html。（上网时间：2018 年 3 月 15 日）

则：买美国货，雇美国人。”① 在20世纪90年代，克林顿政府战胜了日本经济方面的挑战，让美国的金融资本可以在全球范围内获利，这种情况一直延续到奥巴马政府时期。在这个阶段，美国的金融资本和华尔街赚取丰厚的利润，但是实体产业却在走下坡路，以至于产生所谓的传统工业的“锈带”。特朗普反其道而行之，所反的并不是资本主义本身，而是反对之前美国的扩张型金融资本主义，要将资本主义的发展收缩到美国国内，把美国利益放在最优先的位置。特朗普认为，TPP不利于美国扩大出口，也不利于成员国更多的接受美国的出口或者规则。美国商务部部长威尔伯·罗斯认为，TPP要求美国付出的太多，因为其他成员国的需求各不相同，但双边贸易谈判可以避免这种对美国越来越多的让步要求。此外，他还引用了TPP的规则，这些规则只对TPP成员有效，而对非TPP成员无效。“在汽车业，一辆车的主要部分在非TPP国家生产，明确说就是在中国生产，但中国依然能因为其不是TPP成员而获益。”②

另一方面，维护美国工人和中产阶级利益。由于经济全球化和生产自动化的发展，美国自20世纪90年代到2014年，制造业岗位由1700万减少到1200万，其中美国五大湖以及东北工业区所受影响最大，而这一地区正是特朗普选票的重要来源。奥巴马宣称TPP“将帮助产生更高的薪资水平、更安全的工作场所、更公平的竞争、以及更清洁的环境”，强调了TPP在遏制中国在太平洋地区软实力的战略重要性，却未始终如一地展示TPP的经济收益。美国劳工组织认为TPP以牺牲工人阶级的利益为代价来保护跨国企业的利益，对TPP成员国过度开放市场势必造成国内就业机会的流失。TPP大多数成员国不如美国富裕，而劳动力却比美国丰富。货币操纵补贴了其他国家对美国的出口贸易，这就相当于对美国的出口贸易进行征税一样，使美国一些与贸易相关的工作

① “特朗普就职演说完整实录：美国至上”，FT中文网，http：//www.ftchinese.com/video/2153。（上网时间：2018年3月15日）

② “这几天，中国和美国鹰牌商务部长过招都谈了什么？”，http：//media.china.com.cn/cmyw/2017-09-26/1143372.html。（上网时间：2018年4月25日）

岗位被淘汰。TPP 中的部分成员国是众所周知的货币操纵国，如马来西亚、新加坡和日本。事实上，日本是世界上第二大货币操纵国，① 这些不公平的贸易手段将使美国与这些国家的贸易逆差恶化，增加美国的失业率。标准贸易理论对美国与这些国家扩展贸易的结果做出了明确预测：TPP 将促使双边国民总收入上升，然而在美国，这些收入会重新分配，这将使得绝大多数工人的情况变得更糟。② 它解释了近几十年来美国工人工资不高，以及工资增长不平等的原因。TPP 协定中的最大赢家将是美国的制药和软件企业，它们依靠知识产权垄断获利。TPP 条款没有设立与禁止美国贸易伙伴进行货币操纵有关的条款，TPP 甚至能大幅削减该协定在扩大美国出口商进入国外市场方面带来的任何有益影响。由于知识产权垄断，国外消费者将不得不花更多的钱去购买从美国进口的商品，这样可用于购买其他美国商品的钱将大幅减少，美国制造业出口商在美国贸易伙伴中的市场份额不一定能达到预期水平。

虽然美国是 TPP 的操盘手，但美国内部对 TPP 也存在疑虑。首先，TPP 虽然有助于奥巴马所说的维护美国的贸易规则主导权，但无法给美国带来即时利益。从其拟定的规则看，TPP 很可能因其自身设置的高门槛而作茧自缚，将多数经济体拒之门外，因此也就无法具有广泛的代表性，这将使美国主导全球贸易规则的目标落空。其次，TPP 难以防止内部出现零和游戏。TPP 正常运转，美国也很难应对越南的纺织品和日本制造的工业品的冲击，将损害美国中下层劳动者的利益。且由于中国等与美国存在较大逆差的国家尚未加入 TPP，TPP 还将增加所有美国消费者的负担。

---

① Robert E. Scott, "Increased U. S. Trade Deficit in 2014 Warns Against Signing Trade Deal without Currency Manipulation Protections", http://www.epi.org/publication/increased-u-s-trade-deficit-in-2014-warns-against-signing-trade-deal-without-currency-manipulation-protections/.（上网时间：2018 年 3 月 16 日）

② Josh Bivens, "No, the TPP Won't Be Good for the Middle Class", http://www.epi.org/blog/no-the-tpp-wont-be-good-for-the-middle-class/.（上网时间：2018 年 3 月 16 日）

三、国内政治考虑：维护基础选民

促使特朗普退出 TPP 的重要原因之一是美国国内政治的考量。特朗普竞选期间高举反对 TPP 大旗，赢得美国蓝领中下层选民的支持，意外拿下“锈带”多州并赢得总统大选。因此，特朗普执政必须切实维护关键支持者的利益诉求，夯实这些原本支持民主党的蓝领工人选票仓，向公众凸显其“竞选诚信”。

（一）回报选民

受美国总统大选中反对自由贸易情绪升温影响，TPP 遭到共和党总统候选人特朗普和民主党总统候选人希拉里·克林顿的一致反对。在美国总统选举的背景下，TPP 成为角逐总统候选人的艰难选项。特朗普宣称 TPP 是“一场灾难”，将摧毁美国制造业，承诺不再与任何国家进行贸易谈判。为争取宾夕法尼亚、俄亥俄、密歇根、威斯康星等制造业密集的摇摆州选民的支持，此前曾支持过 TPP 的希拉里也转向，承诺如果当选美国总统会坚持反对 TPP。两党总统候选人都反对 TPP，是美国选民对贸易自由化抵制的结果。从更深层次讲，是选民对经济缺乏安全感和生活水平长期未能获得提升的愤怒的表现。美国学者认为，经济全球化带来的好处由美国政治精英和大企业享受，但冲击却主要由产业工人承担，造成收益和成本的分配不公。

2016 年 11 月 9 日，特朗普获得 274 张选举人票，成功当选为美国第 58 届总统。2017 年 1 月 23 日，特朗普签署行政命令，正式宣布美国退出 TPP。《经济学人》杂志报道称，在 TPP 问题上，特朗普政府与奥巴马政府的立场迥异，体现了特朗普政府贸易政策的喜好。特朗普胜选的关键在于获得摇摆州中足够数量摇摆选民的拥护，这里聚集的蓝领工人选民成为打破两党政治分割平衡的关键力量。“铁锈带”作为美国的传统制造业中心地带，随着全球化的发展，钢铁和汽车两大核心产业已难以在与日本和欧洲为代表的国家产业的竞争中占据上风，美国面临制造业空心化带来的收入水平下降和就业机会萎缩的困境。特朗普竞选期间就多次承诺将重振美国制造业，增加蓝领工人收入，提供更多的就业机会，最终赢得这些选民的关注及支持。特朗普对 TPP 的批评与桑德斯相似，反映了民粹主义的意见。这让人联想起 20 世纪 90 年代早期的反北美自由联盟，它把民主党左翼和共和党右翼联系在一起。[①] 特朗普把美国的经济弊病归咎于外国人，这在他的核心选民阵营引起强烈共鸣。TPP 在竞选中曝光度很高，特朗普将其判定为损害美国经济特别是蓝领中下层实际利益的祸患。凭借蓝领中下层的支持，特朗普意外拿到"铁锈带"多州的选票，当选后必然要切实维护关键支持者的利益诉求。研究统计表明，中间阶层、年轻人、劳工阶层是支持特朗普选举获胜的三大族群，而奠定特朗普选举胜利的基础则是中部与南部较不富裕的农业州。美国的工人阶级是逆全球化浪潮中的主力军，作为新当选的总统，特朗普政府将履行或部分履行竞选承诺来回报选民。TPP 尚未正式实施并且在美国国内频频受阻，特朗普反对 TPP 成为兑现总统竞选承诺的优先选择。特朗普竞选时表态，"TPP 是一场灾难，是迄今为止最大的危险。TPP 由美国特殊利益集团推动，旨在对整个国家持续侮辱"。[②] 无论特朗普政府是否有能力让制造业回流美国，其竞选演讲、执政以来的经济政策都迎合了美国选民对全球化的恐惧心理。但是对于自由贸易的抵制，却有比民族主义更为深层次的原因。中产阶层认识到，美国政府过去达成一些协议时所承诺的好处基本没有落实，自由贸易协定的性质已发生了改变。与以往关注点落实在降低关税不同的是，现在的自由贸易协定关注的是监管标准与规范、知识产权、数据隐私和投资保护。这些问题都深深地触动了全民的政治与文化偏好[③]。2017 年 1 月 20 日，

---

① Jeffrey J. Schott, "TPP Can Be Fixed If You Know What's Wrong with It", https://piie.com/blogs/trade-investment-policy-watch/tpp-can-be-fixed-if-you-know-whats-wrong-it.（上网时间：2018 年 3 月 15 日）

② "Trump says US to quit TPP on first day in office", BBC, Nov. 22, 2016, http://www.bbc.com/news/world-us-canada-38059623.（上网时间：2018 年 3 月 16 日）

③ Philip Stephens, "U. S. politics is closing the door on free trade", *Financial Times*, April 7, 2016.

特朗普政府在白宫网站公布未来经济政策目标，包括未来10年内新增2500万个就业岗位、推动经济实现4%的年增长、退出TPP、就北美自由贸易协定重新谈判等。这些经济政策与特朗普竞选期间的承诺基本一致，其经济计划要让“贸易协定惠及每个美国人”。

同时，特朗普外交决策的一大特点是“推特治国”，选择在社交平台推特上发表施政纲领或个人观点，不仅发挥了新媒体下的宣传优势，也展示出其直接回应选民关切的态度。特朗普多次发送推文，就国际热点问题直接发表观点，既是对其“反精英”“反建制”传统的延续，也成为其全力推动执政议程、最大发挥总统影响力的重要途径。特朗普推特粉丝高达1870万人，他经常就国际热点问题通过推特发表观点，营造舆论压力，也对美国耗时费力的立法程序施加变革形成外部压力，稳固及提高选民支持率。

（二）国会掣肘

围绕TPP的立法，最终要由参众两院分别在超过半数议员赞成下通过履行TPP的法案，经总统签字后才能成为法律。美国众议院议长、共和党议员保罗·瑞安表示，不对TPP重新进行谈判并修改协定内容的话，则不同意审议。美国参议院多数党领袖、共和党议员麦康奈尔也表示，由于两党总统候选人都明确反对TPP，2016年内参议院对TPP举行投票的可能性很小。民主党方面虽然顾及推进TPP的奥巴马政府而没有在纲领草案中写入“反对”，但指出“很多党员公开表示TPP没有满足其要求的标准”。[①] 国会反对TPP占主流，即使特朗普政府将TPP提交国会也很难通过，同时也违背了其执政理念，因此特朗普就任后即表现出兑现竞选承诺的决心，选择采取签署总统行政命令的方式推进对外政策，宣布美国退出TPP。

由于民主党议员与劳工团体关系密切，通常对自由贸易持反对态

① 日本共同社报道：“TPP协议遭美国两党候选人反对 生效之路充满荆棘”，http://world.huanqiu.com/exclusive/2016-07/9224904.html。（上网时间：2018年3月15日）

度，TPP必须获得大多数共和党议员的支持才能通过。美国共和党高层对某些TPP条款不满意，不愿意将当前版本的TPP提交国会进行投票。这些条款包括：生物制药专利保护期比美国国内法规定的要短；烟草行业被排除在投资者—政府争端解决机制之外等。美国劳工联合会和产业工会联合会、捍卫公众利益组织等工会、消费者维权和环保组织是反对TPP的主要代表，它们指责TPP利益集中于跨国企业，对劳工、环境保护和公众卫生等方面重视不够。从具体行业来看，TPP将令美国农业和食品业获益最大，服务业也获利明显，但制造业、能源业与自然资源等行业将遭受损失。美国商业团体对TPP持保留意见的主要集中在协议文本中的制药、烟草和金融行业条款。以制药为例，在TPP谈判时，为安抚澳大利亚等国家，同时考虑到更长的知识产权保护时间将推高药价，TPP为生物制剂设定的知识产权保护时间最长为8年，这与美国企业要求生物制剂知识产权保护时间不得低于12年相违背。

第二节　特朗普政府退出TPP后的对外经济政策

二战结束后，美国为维持国际秩序付出了巨大的成本。21世纪以来，新兴经济体群体性崛起，意味着对原有国际秩序有了更多诉求。美国实力的相对下降进一步削弱了美国维持国际秩序的意愿，因此特朗普政府大力推崇“美国优先”，这是将“孤立主义”和“现实主义”加以结合的政策。基于这一政策，特朗普政府上台后就批评北大西洋公约组织，接连宣布退出TPP、退出《巴黎协定》、就NAFTA进行重新谈判等，明确采取了孤立主义政策。上述主张反映了特朗普的意识形态，即被称为“另类右翼”的极右思想，美国对外关系委员会主席理查德·哈斯将特朗普政府频繁退出多边条约及国际组织的行为称为“退出主义”外交。特朗普政府的经贸政策基本代表了共和党传统的“小政府、大市场”的观点。特朗普提出“美国优先”的执政纲领，旨在通过建立关税壁垒，推动美国制造业的复兴，以及打破现有全球供应链格局。[①]

特朗普政府2017年发布的《贸易政策议程》以“美国优先”为贸易理念，把扭转贸易逆差、重振制造业和提升就业率作为优先目标，把维护美国国家主权、严格执行国内贸易法、拓展海外市场和商谈更有利于美国的贸易协定作为四大优先任务，[②] 标志着特朗普贸易政策基本框架确定，美国贸易政策发生了重大变化。

一、弱化多边贸易规则，试图以美国意愿控制国际经济体制

特朗普执政以来，美国政府呈现出重双边主义、轻多边主义的趋势。上任之初，特朗普立即履行竞选承诺，宣布美国退出TPP，给多边合作蒙上阴影。特朗普政府反对引发美国产业转移的区域和多边贸易自由化，其贸易政策核心就是要阻止区域化和全球化的进一步发展，将美国企业和产业留在国内，通过基于实力的双边FTA打开海外市场，为美国提供更多就业机会和收入。特朗普多次表示，对美国利益而言，一些多边协议是不平衡的，寻求摆脱多边贸易规则的束缚。特朗普在推特上称：“日本、韩国希望美国重返TPP，但我并不喜欢协议内容。可能性太多，又没有办法在无法运作的时候退出，还是双边协议对美国工人更加有效、更加有利可图。”[③] 特朗普政府认为当前以WTO为代表的多边贸易政策是由支持全球化的建制派推动建立的，已经无法维护美国的贸易权力，同时也不受美国控制，将影响美国在贸易政策上单边行动的空间，并且透明度存疑。特朗普政府为绕开WTO争端解决机制，要求

① 驻比利时卢森堡经商参处：“中美角色转换，谁是全球主义领军者?”，http://www.mofcom.gov.cn/article/i/jyjl/m/201702/20170202513363.shtml。（上网时间：2017年12月5日）

② USTR, 2017 Trade Policy Agenda and 2016 Annual Report of the President of the United States on the Trade Agreements Program, pp. 1 – 7.

③ “特朗普发推：双边协议比TPP更好 看WTO怎么对美国就知道了”，http://finance.ifeng.com/a/20180418/16125308_0.shtml。（上网时间：2018年4月20日）

美国贸易代表办公室起草清单，列出美国政府可以用来单方面制裁贸易伙伴的法律机制。① 考虑到其他国家可能会通过 WTO 对美国的单边主义进行起诉，特朗普甚至放言一旦 WTO 妨碍美国维护国内产业和工人的利益，就会退出该组织。2017 年 3 月，美国贸易代表办公室向国会提交《2017 贸易政策议程及 2016 年度报告：美国总统贸易协定规划》明确提出，美国将考虑启用美国贸易法“301”条款，就贸易协定展开新的谈判，同时解决贸易争端将优先使用国内法，且不受制于 WTO 裁决。WTO 总干事罗伯托·阿泽维多曾表示，“美国在多边贸易体系的发展史上起到非常重要的作用，这种领导力对我们未来发展至关重要”。② 目前，美国只与 20 个国家签订双边 FTA，仅涵盖美国双边货物贸易总额的 40%。美国一旦退出 WTO，将失去在 163 个成员国的“最惠国”待遇，严重打击美国公司的竞争力。

为摆脱多边贸易规则的束缚，特朗普政府改变美国长期支持的“强约束性”贸易规则立场，转而寻求弱化多边争端解决机制。特朗普政府认为，美国在参与多边贸易关系的谈判中做出很多让步，并最终导致美国在全球贸易中的长期巨额贸易逆差。因此，特朗普政府倾向于通过双边自由贸易协定的谈判实现“美国优先”，同时运用关税与非关税等贸易救济措施来扭转美国的贸易逆差。2017 年 3 月，美国贸易代表办公室向国会提交的《贸易政策议程》中明确指出要维护美国贸易政策的国家主权，如果外国政府或者以 WTO 为代表的国际组织做出了对美国不利的决定，基于“国内法高于国际法”的原则，美国政府将拒绝执行。特朗普政府希望就 NAFTA 重新谈判，寻求建设性而非强制性的争端解决机制。2017 年 4 月，特朗普签署行政命令，要求商务部和美国贸易代表办公室对美国所签署的贸易协定和与美国存在巨额贸易逆差的

---

① Shawn Donnan and Demetri Sevastopulo, “Trump Team Looks to Bypass WTO Dispute System”, *Financial Times*, February 27, 2017, p. 4.

② Pedro Nicolaci da Costa, and Cathleen Cimino - Isaacs, “US Exit From WTO Would Unravel Global Trade”, PIIE, July 26, 2016, https: //piie. com/blogs/trade - investment - policy - watch/us - exit - wto - would - unravel - global - trade.（上网时间：2018 年 4 月 20 日）

WTO成员之间的双边贸易关系进行全面评估。特朗普政府认为美国并未通过WTO获得预期收益，因此将不再受WTO国际贸易规则的约束，将单方面向与美国贸易中存在不公平的成员征收制裁关税。在谈判方式上，特朗普政府强烈倾向于双边协定，而不是多边协定和区域协定。特朗普认为，美国应重视“巧贸易”，在双边谈判中，美国会占据更多筹码和优势。尽管双边自由贸易协定将增加更多营商的复杂性，但具有国别经济关系简单、操作起来方便、干扰因素少等优势。美国经济的2/3倚重于消费，仅凭经济体量和贸易吸引力，美国在与他国就双边自由贸易的谈判中可以完全占据上风，并有可能在不公平的情况下签署双边贸易协定。特朗普理想中的双边贸易机制所能发挥的作用，不应只停留在缔约国之间，他必须追求最大规模的溢出效应，即通过双边FTA来重塑全球贸易模式和规则。

美国退出TPP后，特朗普政府展开了一系列以“美国利益”为主线的双边贸易活动。针对日本，2017年3月美国贸易代表办公室发布的首个《贸易壁垒报告》中指出，日本的农产品市场存在重大壁垒，汽车市场存在各种非关税壁垒阻碍美国汽车销售，并表示有削弱日本巨额贸易顺差的政治打算。针对欧盟，2018年2月美国发起232调查，认为进口钢铁和铝产品严重损害美国国内产业，建议对进口钢铁和铝产品实施关税、配额等进口限制措施。针对北美，美国宣布重谈NAFTA。特朗普政府认为，废除原有的争端解决机制是美方重谈的主要诉求之一。此外，特朗普政府要求NAFTA中设立“日落条款”（sunset provision），规定协定达到5年后自动终止生效，除非三国一致同意更改协定。① 2017年8月，美国发起修订NAFTA规则的首轮谈判。NAFTA谈判所需修改和涵盖的内容包括强化知识产权保护、监督管理、政府采购、劳工、环境、数字贸易、国有企业等，也旨在为修改包括美韩自贸协定在内的其他贸易协定提供样板。NAFTA将巩固美国1万亿以上的

① Jenny Leonard, “U. S. NAFTA Sunset Proposal Ties Termination to Trade Deficit, Sources Say”, *Inside US Trade*, Vol. 35, Issue 39, September 29, 2017, p. 5.

年贸易量及美国公司所依赖的北美供应链。特朗普政府表示重启谈判如对美国有利则是好事，如果 NAFTA 对美国工人和公司不能实现“公平交易”，他仍将结束 NAFTA。

美国退出 TPP 并不意味着特朗普要放弃全球贸易主导权。在贸易领域，捍卫美国利益实施贸易保护主义将给中美双边经贸带来风险。特朗普一直秉持通过双边谈判解决问题的思路，而不是通过多边机制。美国退出 TPP，并不代表特朗普时代的美国将回到 WTO 框架内解决问题；相反，对于贸易摩擦，他倾向于双边或单边行动。特朗普政策的核心是“美国优先，美国再次强大”，因此美国不会脱离全球事务，这对中国在亚太地区的经贸交往带来挑战。

二、以贸易保护政策为核心，重点惩治“不公平贸易行为”

2008 年金融危机爆发后，美国贸易保护主义倾向日益明显。英国经济政策研究中心发布的《全球贸易预警》报告显示，从 2008 年到 2016 年，美国对其他国家采取了 600 多项贸易保护措施。该报告指出，美国是限制自由贸易的头号国家。特朗普政府认为当前全球经济被各种不公平的非市场行为所扭曲，国外普遍存在补贴、操纵汇率、窃取知识产权等行为，被视为一种对美国的“经济侵略”，不仅损害美国企业、工人和农民的利益，还威胁美国的国家安全，因此需要通过严格执行贸易法，打击违反国际规则的“不公平贸易行为”,① 特别是与美国存在较大贸易逆差的国家成为重点打击目标。特朗普政府的贸易政策具有明显的保护主义倾向，通过单方面加征关税或威胁加征关税等方式，迫使其他经济体做出相应的政策调整，缩小进口产品的价格优势，扩大本土产品对外出口，以单边主义形式维护美国市场。其中最为典型的是特朗普政府对中国发动贸易战，对超过 3500 亿美元的中国输美产品加征 25% 的额外关税。

---

① The White House, National Security Strategy of the United States of America, December 2017, pp. 19 – 20.

除传统关税保护外，特朗普执政以来，美国对他国进行的反倾销和反补贴（双反）调查数量急剧上升。2017 年 1 月至 4 月，美国商务部先后对价值超过 23 亿美元的进口钢铁、化学、木材、橡胶制品展开 24 项“双反调查”，并就 34 项“双反”调查做出初步或最终裁定，涉案金额超过 36 亿美元，力度超过历届政府。[①] 美国商务部声明显示，自 2017 年 1 月 20 日至 2018 年 2 月 9 日，已发起 94 项“双反”调查，较上年同期增长 81%。为提高反倾销税率，美国商务部首次援引《2015 年贸易优惠延长法案》第 504 条款，在计算倾销额度时采用更为严苛的办法。[②] 2017 年 11 月，特朗普政府针对中国铝箔首次发起“双反”调查，涉及金额高达 4 亿美元，涉及企业高达 230 多家。在调查程序上，特朗普政府改变之前主要由国内企业或劳工组织提交调查申请的方式，转向更为主动的启动贸易救济程序。[③] 为了加强贸易执法能力，特朗普在向国会提交的 2018 财年预算方案中，显著增加了商务部国际贸易司、劳工部国际劳工事务司等贸易执法部门的经费。[④]

当前中美经贸关系中最大的问题是中美贸易严重失衡，在贸易问题下又衍生出人民币汇率低估、知识产权保护、市场准入等一系列问题。据美国商务部统计，2016 年，美国对华贸易逆差达到 3470 亿美元，占

① U. S. Department of Commerce, “Statement of U. S. Secretary of Commerce Wilbur Ross on Today's Trade Enforcement Actions”, April 18, 2017, https: //www. commerce. gov/news/press - releases/2017/04/statement - us - secretary - commerce - wilbur - ross - todays - trade - enforcement. . （上网时间：2018 年 4 月 10 日）

② U. S. Department of Commerce, “Department of Commerce Finds Dumping of Oil Country Tubular Goods from the Republic of Korea in Groundbreaking Ruling”, April 11, 2017, https: // www. commerce. gov/news/press - releases/2017/04/department - commerce - finds - dumping - oil - country - tubular - goods - republic. （上网时间：2018 年 4 月 10 日）

③ Wibur Ross, “Free and Fair Trade for American Workers and Business”, April 13, 2017, https; //www. whitehouse. gov/blog/2017/04/13/free - and - fair - trade - american - workers - and - businesses. （上网时间：2017 年 4 月 10 日）

④ Executive Office of the President of the United States, Office of Management and Budget, *Budget of the U. S. Government: A New Foundation for American Greatness*, May 23, 2017.

美国对外贸易逆差的44%。[1] 2017年，美国对华贸易逆差达到3752亿美元，较2016年增加8.1%。[2] 中国海关总署发布的2017年全年贸易统计显示，中国对美贸易顺差比达到2758亿美元。[3] 特朗普政府认为，中美贸易严重失衡的原因是中国通过“不公平贸易行为”参与竞争：一是中国企业的价格优势来源于中国政府的高额补贴；二是中国“用市场换技术”策略引发美国不安，美国担忧知识产权受到潜在侵犯。

特朗普政府贸易战的打击范围不仅包括中国，也涵盖欧盟、加拿大、墨西哥等与美国贸易往来密切的国家。2018年3月，特朗普政府宣布启动钢铝关税调查，宣布钢铝进口全球性征税，与美国贸易往来密切的西方盟友试图通过与美国政府谈判获得关税豁免权。根据美国商务部发布的美国钢铁产品进口来源地报告，欧盟、加拿大、墨西哥是美国钢铝进口总量最多的3个来源国，为美国贡献了超过50%的钢铝产品。美国政府宣布，从2018年6月1日起，对欧盟、加拿大、墨西哥的钢铁制品征收25%、铝制品征收10%的惩罚性关税。针对美国此轮加征重税，加拿大政府表示自2018年7月1日起将对美国的钢铝产品、威士忌酒、橙汁、食品类等进口产品征收报复性附加关税。欧盟委员会主席容克表示，欧盟绝对不会接受“威胁的谈判”，并且会对美国发起报复。围绕美国发动的钢铁进口限制，日本政府请求作为第三国参与欧盟向WTO要求设置的双边磋商，为新一轮日美贸易磋商研究方针。

三、以强制手段力推制造业回流

美国制造业回流政策本质上是一个政治议题，既有国内选举政治的因素，也有国际政治经济格局调整的因素。与奥巴马政府制造业回流政

---

① 数据来源于“美国2016年贸易逆差达到四年来最高水平”，http://www.mofcom.gov.cn/article/i/jyjl/l/201702/20170202513478.shtml。（上网时间：2017年11月20日）

② “美国2017年贸易逆差创9年来新高”，http://www.xinhuanet.com/2018-02/07/c_1122381704.htm。（上网时间：2017年11月20日）

③ “海关总署介绍2017年全年进出口情况”，http://www.gov.cn/xinwen/2018-01/12/content_5255987.htm#1。（上网时间：2018年4月25日）

策不同，特朗普政府的制造业回流政策进一步突出贸易，尤其是贸易逆差在美国制造业衰退中的作用，运用行政手段迫使美国跨国公司回国建厂。在竞选期间，特朗普就打出“制造业回流美国”的旗号，提出在10年内创造2500万个就业岗位。为制造业蓝领工人提供更多就业机会的承诺是特朗普赢得大选的重要手段，其具体主张是：对内通过大幅度减税吸引跨国公司回流以保障就业和提高收入；对外通过重新谈判贸易协定甚至重设关税壁垒促使外迁至海外的跨国公司无利可图，从而提高国内产品的贸易竞争力。特朗普政府向包括福特汽车在内的美国汽车厂商为代表的本土制造业喊话，要求它们将制造业基地迁回美国，把就业岗位留在美国。

特朗普政府以“胡萝卜加大棒”政策，推动海外企业回流。2017年1月，特朗普宣布了制造业就业主动性计划，通过与工业界磋商，希望进一步增加制造业就业。2017年7月，特朗普颁布行政令要求美国国防部、商务部、国土安全部、劳工部、国家情报总监等十多个部门联合对美国的制造和国防基础及供应链弹性进行评估，表明特朗普找到了撬动海外制造业向美集聚问题的重要抓手。特朗普在政策优惠、取消关贸协定、征收关税等一系列组合拳之下，美国制造业回流的趋势非常明显。美国供应管理协会的报告显示，受生产和雇佣指数大幅上升带动，2017年8月份美国制造业扩张指数创6年多来最高。[①] 特朗普为制造业回归采取两手策略：通过减税等财政优惠给予鼓励，鼓励企业将工厂留在国内；对将工厂转移至海外的企业进行惩罚。为了大力发展制造业，除了税改之外，特朗普政府还推出了1万亿美元的基建投资计划，主要用于铁路、港口、机场、公共设施等建设。而这些基础建设将为美国制造业提供极为重要的保障。

特朗普制造业回流政策已初见成效，目前已有一些美国制造业开始陆续响应号召将生产基地留在美国。2016年12月，特朗普以提供700

① “美国8月制造业扩张速度创6年多来最高”，http://www.xinhuanet.com/2017-09/02/c1121588520.htm。

万美元的减税优惠为条件，阻止美国开利空调将工厂迁往墨西哥，将1069个就业机会留在了印第安纳州。福特取消了投资16亿美元在墨西哥新建小型车工厂的计划，转为向美国密歇根州的现有工厂增加7亿美元的投资，生产纯电动汽车和自动驾驶汽车，将为美国国内提供700个工作机会。菲亚特克莱斯勒也发表声明，将在密歇根州和俄亥俄州建立新工厂，增加2000多个工作机会。英特尔表示将在亚利桑那州投资总计70亿美元建厂，美国电信运营商斯普林特表示将在美国提供销售和售后服务岗位等。2017年4月，特朗普访问威斯康星州签署关于“买美国货，雇美国人”的行政令，要求改革目前H-1B签证计划以防止美国企业雇佣劳动成本更低的外国工人。特朗普的制造业回归主张，不仅反映了美国利用制造业回流拉动经济和就业增长，而且反映了美国想在全球政治、经济、国际事务领导力方面回流。

在推动传统制造业回流的同时，特朗普政府还瞄准先进制造业和新兴制造业，旨在扩大美国在特定制造业领域保持的全球领先优势。2019年2月，美国国家科技政策办公室发布了由特朗普签署行政令的“美国人工智能倡议”，旨在从国家战略层面重新分配资金，创造新资源以及设计国家重塑技术的方式，以促进美国人工智能产业发展，应对来自“战略竞争者和外国对手”的挑战，确保美国在该领域的领先地位。这是美国政府首次推出国家层面的人工智能促进计划，强调“美国的价值和利益”。倡议包含5个核心要点，分别是：一是重新定向资金，该行政令指示联邦资助机构优先考虑人工智能投资；二是创建资源，寻求为AI研究人员提供联邦数据、计算机模型和计算资源；三是建立标准，它将指导美国国家标准与技术研究院制定标准，以促进“可靠、强大、安全、可移植和可交互操作的AI系统”的发展；四是重新训练工人，要求各机构优先考虑学徒、技能计划和奖学金，为AI工作人员带来的变化做好准备；五是国际化参与，呼吁制定国际合作战略，确保人工智能的开发符合美国的“价值观和利益”。

四、以打击对手为目标采用各种经济制裁政策

美国是目前全世界开展单边制裁次数最多、手段最多样、影响最大的国家。特朗普政府以“美国优先”为口号，将普通制裁措施与关税、出口管控等相结合，经济打压竞争对手甚至盟友。与奥巴马政府相比，特朗普政府的对外经济制裁政策体现出打击面广、多种政策并举、大量使用二级制裁的特点。

首先，特朗普政府针对面广，经济制裁次数创下美国总统单个任期内实施制裁的历史记录；但凡被美国认定为对手或敌人，均难以避免遭受其经济制裁。美国格信律师事务所的统计数据显示，特朗普政府执政以来已实施超过 3900 项制裁措施，约为每天 3 次。这些制裁对象主要是与伊朗、朝鲜、中国、委内瑞拉和俄罗斯等有关的公司、个人，甚至是油轮。伊朗是被特朗普政府实施制裁最多的国家，2018 年美国宣布退出伊核协议，恢复对伊朗实施多项制裁措施，并施加额外的经济惩罚。此外，美国涉华出口管制的技术和被管制的中国实体数量大幅增加。2018 年以来，美国商务部多次修改数类出口管制清单，多次将中国实体大面积纳入，涵盖科技领域的国企、民企、科研院所、大学等，涉及航空航天、5G、半导体、芯片、人工智能等多个高技术行业。

其次，特朗普政府多种政策并举，不仅通过传统的财政部海外资产控制办公室，也通过商务部工业和安全局进行对外制裁。美国财政部海外资产控制办公室的主要职责是管理和执行所有基于美国国家安全和对外政策的经济和贸易制裁，包括对一切恐怖主义、跨国毒品和麻醉品交易、大规模杀伤性武器扩散行为进行金融领域的制裁。该办公室隶属于美国总统战时和国家紧急情况委员会，经特别立法授权可对美国境内的所有外国资产进行控制和冻结。实体清单和军事最终用户名单是美国商务部工业和安全局的两项制裁手段。实体清单即美国政府认为已参与或涉嫌参与违反美国国家安全或危害美国外交政策利益活动的个人和企业会被纳入实体清单。特朗普政府将上百个中国实体企业和个人列入出口

管制清单，限制正常市场行为。2020 年 5 月，美国商务部工业和安全局宣布将中国的 33 家机构和个人纳入实体清单。这些企业和机构一旦被列入实体清单，根据美国《出口管制条例》，其在涉及美国产品和技术出口、转口和转让贸易时必须事先获得美国有关机构颁发的许可证，否则将遭到美国政府制裁。

最后，大量使用二级制裁。二级制裁又称次级制裁，是指制裁发起方在对目标方进行制裁的同时，限制第三国的公司或个人与目标方进行金融和贸易往来，并对违反规定的第三国公司或个人施加处罚的制裁行为。一级制裁限制对象是美国的企业和个人，切断其与被制裁国之间的经贸往来，而二级制裁将使用范围扩大至任何第三国的企业和个人，极大地扩大了制裁打击层面。2016 年后，美国财政部海外资产控制办公室列入特别指定国民单的中国自然人和实体数量大幅增加，从此前每年基本少于 10 个增加到每年度约 30 个，而制裁原因大多为涉伊制裁、涉朝制裁、涉大规模杀伤性武器扩散等。美国在全世界范围内如此“任性”地使用二级制裁，主要依赖于美元霸权，即美元在全球储备、支付、结算等领域数十年的主导地位。

第三节　美国退出 TPP 的评估

特朗普上台后的一系列贸易政策的调整在很大程度上反映了美国传统经济民族主义思潮的回归，包括重视制造业、强调经济主权和更倾向于采取贸易保护政策等。美国退出 TPP 是特朗普政府强调“美国优先”的第一枪，特朗普政府采取的保护主义和单边主义政策，片面地维护了美国经济安全，在短期内促进美国国内经济趋好，但从长期看将违背全球化和多边贸易合作的世界发展潮流，给全球经济治理造成负面冲击。

一、对美国的影响

特朗普政府强调经济安全就是国家安全，强化发展美国经济在国家安全中的重要性，其本质是巩固和维护美国经济霸权。美国是多边贸易体系下贸易自由化的最大受益者，但是特朗普政府以退出 TPP 为开端，抛弃多边主义，转向双边贸易谈判，重新确立在贸易协定中的责任和义务，这是对全球贸易体系和经济全球化的严重破坏，虽然短期内有利于缓解美国贸易逆差，但总体而言将削弱美国软实力。

其一，美国退出 TPP 将削弱其软实力。约瑟夫·奈认为，一国在国际机构和多边主义中的影响力是构成其软实力来源的重要组成部分，特朗普政府以退出 TPP 为开端，频繁退出国际组织的行为，已经从事实上削弱了美国的软实力。首先，美国将失去制定新的全球经贸和投资规则的机遇。TPP 原本彰显了美国试图在国有企业、数字经济、知识产权、劳工和环保等边境内议题上率先制定规则的领导欲，但随着特朗普政府退出 TPP，美国不仅失去了从中获取经济利益的可能，还放弃了书写 21 世纪经贸规则的主导权。其次，将削弱在亚太地区影响力，动摇盟友信心。“美国优先”是美国国际地位和综合国力衰落的反映。特朗普政府的“美国优先”贸易保护主义倾向明显。美国不肯承担国际责任和义务，大幅度削减对外援助，从短期看兑现了竞选承诺，提高了国内就业率，但从长期看将削弱美国参与全球治理的公信力、话语权和主导权。特朗普虽然明确了美国继续参与亚洲事务并确保影响力的方针，但缺乏在安全保障和经济两方面主导亚洲秩序构建的具体战略。特朗普以“美国优先”为出发点的姿态越发明显，这种姿态在亚洲各国和地区缺乏共鸣。美国退出 TPP 将动摇亚太及其他地区盟友和伙伴的信心，形成经济和安全的真空地带，而这种真空会随着“美国优先”政策时间的推移继续扩大。[1] 再次，特朗普政府以双边贸易代替多边贸易，美国与盟友

---

① Charlene Barshefsky, “TPP is Dead, Now What?”, China File, http://www.chinafile.com/conversation/tpp-dead-now-what.（上网时间：2017 年 12 月 5 日）

凝聚力下降。新加坡总理李显龙表示，对美国的伙伴来说，批准 TPP 是衡量美国信誉的试金石。对于美国亚太盟友来说，TPP 不仅具有经济利益，更是美国维持亚太地区稳定和安全的象征。特朗普“美国优先”的对外政策已经牵涉众多盟国的核心利益，容易引发离心倾向。2017 年 7 月，德国总理默克尔发布竞选纲领，把美国从“朋友”降级为“伙伴”。加拿大总理特鲁多强调加拿大将把太平洋区域的贸易重点转向中国和日本。日本力推 CPTPP，宣布与欧盟达成自由贸易协定，缓和对华关系，通过经济外交获取最大利益。2018 年 6 月，特朗普在 G7 峰会上拒绝签署 G7 峰会联合声明，凸显出特朗普政府与美国传统盟友之间的分歧正在日益加深，将影响国际经济体系的未来走向。最后，特朗普退出 TPP 的决策是美国政治极化的结果，其持续性和尖锐性将使实现美国再次伟大的目标面临较多困难。美国《国会山报》指出，特朗普退出《巴黎协定》和《伊核协定》等大胆举措，引发两党的极端对立，导致美国政治生态进一步失衡。[①] 虽然美国仍是世界唯一超级大国，但纵向比较下其实力相对衰落，同时面临来自新兴经济体的挑战，美国要实现再次伟大必须遏制它们并迅速拉大差距。

虽然特朗普得到美国中下层选民的广泛支持，但美国国内对其退出 TPP 持反对意见和批评意见的声音不断。批评者中以退出 TPP 会让利给他国的观点最为突出，认为美国的退出举动将留下国际治理空白和导致领导力缺失，共和党资深参议员麦凯恩认为，美国退出 TPP 等于放弃美国在亚洲的战略地位，让他国有机会填补这个真空。外交关系委员会主席理查德·哈斯表示，退出 TPP 将减缓美国经济，伤害美国就业，削弱美国在亚洲乃至世界的地位。总体而言，不负责的、批评的观点普遍集中于中国将获得亚太地区的“天赐良机”，未来围绕制度建立可能发生更多的冲突和竞争。

其二，以双边代替多边，短期内对美国经济利好，但长期来看，将

---

① 邢瑞利：“特朗普政府的退出主义外交探析”，《和平与发展》2019 年第 4 期，第 30 页。

给美国经济制度带来冲击。虽然美国退出 TPP 是特朗普政府秉承“美国优先”执政理念摆脱多边贸易规则束缚的代表作，但对现阶段美国国内经济回暖而言，以双边代替多边有利于缓解美国贸易逆差，对美国经济发展利好。目前，美国已经与 TPP 中 6 个成员国签订了双边 FTA，也可能与其他成员国分别进行双边谈判。通过双边谈判，特朗普可以利用自身市场优势达到制定“公平”贸易协定的目的，同时维持其在亚太经济合作中的主导地位。

特朗普政府重视经济安全，将是否有利于维护美国的经济安全作为其制定经济政策的重要标准。特朗普政府认为，经济繁荣是美国国家安全的四大支柱之一，强大的经济是保护美国人民、维持美国生活方式、支撑美国实力的关键。后冷战时期，国际权力分配趋势的不断变化和多边贸易机制的约束力不断提升，美国在多边国际机制中的绝对主导权受到诸多挑战。特朗普政府在既有国际贸易体系中按照原有意愿实现利益诉求的难度越来越大，受此影响，特朗普政府频频推出贸易保护政策，对其他国家加征惩罚性关税，限制其他国家特别是竞争国家对美直接投资，加大高科技行业出口管控等，成为一种成本相对更低和收益相对更高的选择。特朗普政府一系列追求经济安全的措施，其目的不仅仅是迅速扭转所谓的贸易逆差，而是采用高压手段迫使对方在符合美国经济利益的前提下就范，其“退群”行为并未实现巩固和提升美国的经济竞争力，反而弱化了美国的全球经济领导力，对维护美国经济安全得不偿失。美国从经济开放到经济安全的政策转向，引发其他国家的广泛担忧，也产生了严重的连锁反应。① 针对美国经济安全措施的加码，其他国家不得不调整相应政策以应对越来越严峻的经贸形势，在保护性经济政策普遍盛行的前提下，包括美国在内，各国都将消耗更多的经济成本，承担更大的经济风险。从长期来看，美国一系列经济安全措施将恶化全球经济关系，阻碍全球化进程。

① 宋国友、张瑜国：“特朗普政府经济政策回顾及其制度影响”，《当代世界》2020 年第 12 期，第 42 页。

二、对亚太地区的影响

作为亚太地区最重要的区域贸易协定之一，美国的退出无疑使 TPP 遭受重创，给 TPP 本身的签订及其成员国的继续合作带来极大的冲击。特朗普政府的经济转向，其贸易保护主义的盛行，也为亚太地区多边合作发展带来了不确定性。

一方面，TPP 其他成员国遭受经济损失。TPP 是美国掌控亚太经济主导权的重要手段，美国退出 TPP 将给其他成员国带来巨大冲击和经济影响。一是美国是 TPP 大多数成员国最重要的贸易伙伴，成员国对美国市场有极大需求。由于美国的经济规模比 TPP 其他成员国加起来的总量还要大，美国的退出将严重削弱协定的影响力。[①] TPP 大多数成员国加入谈判的重要原因是美国主导并大力推进。根据美国彼得森国际经济研究所发布的研究报告，TPP 将促进各经济体的经济增长，每年带来数百亿美元甚至数千亿美元的经济收益。美国退出 TPP 将使各经济体依靠 TPP 提振经济增长的愿望化为泡影。新加坡总理李显龙 2017 年 8 月在访问美国时的表述具有代表性。李显龙当时警告说，参与 TPP 谈判的每个成员国都克服了本国的某些政治障碍和敏感因素，付出一定的政治代价才促成协议达成，“假如最后新娘没有来到（婚礼）现场，我相信大家都会感到非常受伤”[②]。二是成员国国内潜在经济增长机会减少。美国加入并主导 TPP 以来，吸引大批成员国加入谈判。马来西亚、越南等发展中国家通过 TPP 将增加区域范围内的贸易，吸引投资并促进经济增长。美国退出 TPP 转而实施贸易保护主义，处于经济欠发达水平的成员国面临国内潜在增长机会流失的风险。

另一方面，亚太区域经济合作可能转向。美国一直是亚太地区经济合作的重要主导方，特朗普政府退出 TPP，预示其短期内将放松对亚太

---

① Banyan, “Can TPP Go Ahead Without America?”, The Economist, May 4, 2017.

② “美媒：美退出 TPP 将伤害亚洲盟友，或使其转向中国”，《参考消息》2016 年 11 月 28 日。

经济合作的主导权，这将给其他亚太国家特别是东盟和中国提供了发展机遇期。RCEP 和中日韩自贸协定等谈判进展缓慢在一定程度上也受到 TPP 的影响。RCEP 中有 7 个经济体同时也是 TPP 成员，随着美国退出 TPP，这些经济体也将把注意力向 RCEP 转移，为 RCEP 和中日韩自贸协定等区域经济合作谈判创造机会。2020 年 11 月，第四次 RCEP 领导人会议以视频方式举行，会后东盟 10 国和中国、日本、韩国、澳大利亚、新西兰共 15 个亚太国家正式签署了 RCEP，标志着当前世界上人口数量最多、经济规模最大、最具发展潜力的自由贸易区正式形成。RCEP 的签署，是亚太地区国家以实际行动维护多边贸易体制、建立开放型世界经济的重要一步，对深化区域经济一体化、稳定全球经济具有标志性意义。

除美国外，TPP 的 11 个成员国不可能追随美国退出 TPP。出于经济利益的考量，这些成员国将继续履行 TPP 的义务。美国在 TPP 谈判中做出的让步是适度的，因为美国市场已经相对开放，所以美国没有必要承诺对现有政策进行实质性的改变。[①] TPP 其他成员国之所以接受美国的适度让步，其中的重要原因是各成员国认识到利用 TPP 改革以加强国内经济增长的重要性。美国退出 TPP，日本接手部分领导力并继续推进 TPP，TPP 对于遏制中国在亚太地区的战略影响意义重大，日本保留 TPP 为将来美国的重返打下基础。

本章小结

美国从加入 TPP 谈判到宣布退出不到十年，历经大起大落。虽然 12 个成员国于 2015 年宣布 TPP 谈判结束，但不到两年的时间特朗普政

① Jeffrey J. Schott, “TPP Could Go Forward without the United States”, https://piie.com/blogs/trade - investment - policy - watch/tpp - could - go - forward - without - united - states.（上网时间：2017 年 12 月 13 日）

府即宣布退出TPP，放弃了奥巴马政府“亚太再平衡”战略最重要的经济成果。除去TPP各成员国需要国内立法通过的不确定性因素以外，特朗普政府对TPP的认知在美国退出TPP中起到决定性作用。从奥巴马到特朗普，美国的国内政治环境发生了重大变化，是美国退出TPP的决定性因素。特朗普政府对TPP的认知来源于以下几个方面：首先，特朗普政府退出TPP从表面上看是“逢奥必反”，但深层原因是特朗普政府的外交理念为“有原则的现实主义”。奥巴马政府强调有限度参与国际事务，而特朗普政府的单边主义倾向更加明显。其次，特朗普政府虽然坚持“美国优先”，但并非完全回归孤立主义。特朗普在竞选期间曾多次抨击TPP将“摧毁”美国制造业，反对自由贸易，但仍以重塑一套更加符合美国利益的国际新秩序为己任。特朗普上任之初即宣布退出TPP，但对未来回归的可能性仍留有余地。最后，从国内政治考虑，美国国会中大多数议员反对TPP，特朗普的基础选民以中下层劳动者为主，这部分群体恰恰是TPP的直接利益受损者，为获取选民支持必须兑现竞选承诺。由上可知，尽管美国自二战以来建立和维持了国际制度，但其为全球提供公共产品的意愿并非良性，始终围绕美国国家利益而展开。

美国退出TPP后，特朗普政府淡化多边合作色彩，对外经贸政策发生了较大变化。一是弱化多边贸易规则的作用。特朗普为了摆脱多边贸易规则的束缚，改变美国长期支持“强约束性”贸易规则的立场，转而寻求弱化多边争端解决机制，阻止区域化和全球化的进一步发展，倾向于通过双边自由贸易协定的谈判实现“美国优先”，运用关税和非关税等贸易救济措施来扭转美国的贸易逆差。二是以贸易保护为核心，重点惩治“不公平贸易行为”，特别是与美国存在较大贸易逆差的国家成为其重点打击目标。三是以强力手段推动制造业回流，特朗普政府公开要求“买美国货，雇美国人”，希望重振美国制造业。四是以打击对手为目标采用各种经济制裁政策，多手段并举，打击范围扩大。

美国退出TPP是特朗普强调“美国优先”的第一枪，共和党向来支持自由贸易，但特朗普的反对立场进一步撕裂了共和党内部的政治理念。在全球层面，美国退出 TPP 削弱了美国的影响力，一方面宣告其暂时放弃亚太区域经济合作机制的领导地位，另一方面也未兑现与亚太盟友的承诺和责任。在亚太地区，特朗普政府主要在双边平台与地区国家展开贸易谈判，例如美国与韩国修订了《美韩自贸协定》、与日本签订了《美日自贸协定》等，美国也不是 RCEP 的谈判方，这就意味着美国在区域经济平台失去了重要抓手。同时，美国退出 TPP 也使贸易保护主义迅速反弹，给亚太地区经贸格局和经济全球化带来负面影响。

第四章　美国对TPP认知的逻辑

美国对 TPP 的认知形成既涉及到对国际形势的判断，也涉及对自身实力、战略目标和国内现实因素的评估。TPP 作为跨区域的区域经济合作机制，是自由贸易和多边贸易合作的代表之一。从美国加入并主导 TPP 谈判到美国正式宣布退出，美国对 TPP 的认知变化有逻辑可寻，也有其变化中的不变因素。本章旨在分析美国对 TPP 认知变化的特点，厘清随着总统的换届，美国对 TPP 认知的变与不变，对分析预测未来美国的对外经济政策变化提供参考。

第一节　美国对 TPP 认知变化中的不变因素

2009 年美国宣布加入 TPP 谈判以来，美国在 TPP 的推进过程中占据主导地位，TPP 也基本反映了美式贸易特点。2017 年 1 月，特朗普政府宣布美国退出 TPP，也意味着美国放弃了 TPP 新规则的主导权。美国对 TPP 的认知，主要是由美国自身的政治理念、经济利益、战略目标和国内现实情况决定的，但在认知的变化过程中存在一以贯之的因素和随时变化的情况，对其中变与不变的掌握有利于理解美国对外经济政策的变化和走向。

一、维护美国全球霸权目标不变

美国不仅是世界上唯一的超级大国，同时也是现有国际秩序的主要缔造者。二战结束后，美国为稳固全球领导地位，凭借自身实力建立了一套符合其价值理念和国家利益的国际制度，并逐渐从西方推广到全球。美国建立的霸权本质上是一种制度性霸权，致力于通过向他国提供公共产品的方式威胁诱导他国加入国际制度，从而维持霸权体系的运作和霸权制度的合法性。[①] 美国的制度霸权具体体现为，美国与欧洲和亚洲国家的军事安全同盟、开放型多边经济关系、全球和区域多层次多领域的国际制度，以及对民主和开放的资本主义世界的共同承诺。[②] 无论是奥巴马政府还是特朗普政府，都意识到世界政治正发生重大的结构性权力转移，世界权力重心由西方向东方转移，美国面临自身政治经济发展状况与国际地位之间的矛盾性现实。虽然美国对 TPP 的认知是一个变化的过程，但维护美国全球霸权、以国家经济利益为对外经济政策出发点、遏制中国崛起的目的从未发生改变，甚至在某些阶段表现得更为突出。

美国全球战略是主导北美和南美，同时避免有一个强大的国家来统治欧洲或亚洲。21 世纪以来，美国的全球战略框架是以维护美国霸权为战略目标，包括安全、经济和价值观三大支柱在内的四位一体的框架结构。其中三大支柱是美国维护霸权的三个不同方面，都是为维护霸权的战略目标服务。无论三大支柱的地位和相互关系如何变化，维护美国霸权的战略目标始终不变，处于绝对支配地位。吉尔平在探讨霸权问题时，提出“霸权必衰”，霸权国向世界提供公共产品，允许其他国家“搭便车”，这样会造成经济大量消耗，因此霸权国必须始终维持强大

---

① ［美］罗伯特·吉尔平，宋新宁、杜建平译：《世界政治中的战争与变革》，上海人民出版社 2007 年版，第 40—41 页。

② 陈东晓：“试论国际制度的本质特征及其与美国霸权的互动关系”，《国际政治研究》2004 年第 3 期，第 9 页。

的经济存在。新现实主义提出霸权国应该自我约束，减少对盟国的防务和国际承诺，加强国际合作，分担霸权成本。因此，美国一切对外经济政策都是为战略目标服务的，只不过是美国根据自身实力地位的相对变化和面临的最大威胁的改变，在具体策略上改变侧重点而已。

21 世纪以来，美国历届政府维护美国霸权的总体目标没有改变，在亚太地区的政策调整符合美国霸权目标。小布什政府的亚太政策建立在对美国权势从“单极时刻”向“单极时代”转变这一基本认识上[①]，维持美国“持久的安全承诺”并防范“潜在竞争者”，确保和强化美国在亚太地区的主导地位成为美国的优先目标和首要任务。奥巴马政府的“亚太再平衡”战略就是建立在对小布什政府单边主义战略和金融危机后美国战略地位的再评估基础之上，是根据美国利益变化来推行的亚太战略。奥巴马政府强调大国合作的重要性，利用区域内其他力量遏制区域强国，降低霸权成本。美国战略重心东移旨在借用亚太地区经济增长引擎，主导亚太地区以维护美国经济霸权，助推美国“太平洋世纪”目标的实现。

“美国优先”的实质是美国不愿承担更多的国际责任，其最终目标是要建立由美国主导的单极世界，维护美国全球霸权。特朗普政府总体对外战略呈现出一种“压制性回缩”的态势，国内民粹主义的长期化和扩大化为其大战略的调整提供了沃土。特朗普政府积极倡导“美国优先”，不断从全球事务中抽身，以尽可能减少美国利益受损和增加美国获益为根本出发点。在维护美国霸权的命题上，特朗普追求的目标是美国利益最大化，以经济民族主义对抗全球主义，以强调主权的双边方式取代多边主义，具体为主张重新思考多边 FTA 和双边 FTA 对美国的贡献，退出 TPP 来重新评估美国的对外经济政策。这是特朗普政府对奥巴马政府“亚太再平衡”战略的重新定位，也是要基于美国自身实力的变化，在“美国优先”的宗旨下，重新思考如何维护美国霸权目标。

---

① 张玉国：“特朗普政权与美国亚太再平衡战略”，《东北亚论坛》2017 年第 2 期，第 19 页。

特朗普政府在2018年12月公布的首份《美国国家安全战略报告》中强调了美国在四个方面的核心国家利益：美国人民和国土的安全、促进美国繁荣、以实力求和平、增加美国的影响力。在美国的外交中，“孤立主义与扩张主义是两项相辅相成而非相互抵触的原则”。特朗普政权下的美国仍会保持这样的传统，这是美国战后霸权的惯性使然，也是特朗普“让美国再次强大”的动机使然。“压制性回缩”并不意味着美国要放弃全球领导地位，其实质上是针对全球化催生国内矛盾、大国战略竞争回归、美国霸权相对衰落等重大挑战而提出的解决方案，旨在重新打造更适合美国主导的经济全球化模式和国际体系。因此，从奥巴马政府到特朗普政府，美国维护全球霸权目标并未改变，只是选择的路径发生了转向和调整。

二、以国家经济利益为对外经济政策出发点不变

二战结束后，在国际政治经济秩序中，美国是最大的受益者，也在维护主导地位方面付出了较大的经济成本。从奥巴马政府到特朗普政府，拓展美国经济利益一直都是美国对外政策的核心目标。两届政府的区别体现在：奥巴马政府以提振美国经济、主导亚太经济秩序为主；特朗普政府以既要在政治上也要在经济上谋求经济利益最大化为主。以国家经济利益为对外经济政策出发点仍是美国经济安全的核心。

奥巴马政府执政时，恰逢美国经济利益遭受2008年金融危机重创之际。为解决国内经济下滑和失业率居高不下的问题，在2008年竞选期间，奥巴马曾在劳动密集型产业居多的州打出“买美国货，投奥巴马”的竞选口号。奥巴马政府旨在通过扩大出口提升美国就业人口数量，在方式选择方面，奥巴马政府倾向于通过多边经贸合作的方式，将目标锁定于在亚太地区尚不成气候的TPP。奥巴马在2011年11月美国夏威夷TPP伙伴会议上的讲话中指出：“美国希望能传递一个明确的信息：我们是一个太平洋国家，因此我们非常致力于营造泛太平洋地区这一世界上发展最快的地区未来的安全与繁荣。TPP会刺激我们的经济，

降低贸易和投资壁垒；提高出口以及为我们的人民创造更多的工作，而这正是我执政的第一要务。TPP，再加上我们和韩国、巴拿马及哥伦比亚的贸易协定，将会使美国的出口翻一倍，而这将会给美国人带来上百万的工作。”① 奥巴马将扩大美国出口和就业的希望放在TPP上，以改善美国国内经济低迷和提高就业率为短期目标，以实现美国经济利益持续增长为长期目标。

特朗普政府执政以来，提出“美国优先”的经济民族主义论调，强调维护自身经济主权，无视美国主导的全球化规则。特朗普政府的国际经济政策覆盖面主要体现在四个方面，分别是以“重出口抑进口”为取向的贸易政策；以“重流入轻流出”为目标的投资政策；以“重生产重出口”为诉求的能源政策；以“减税”为核心的税收政策。从退出TPP为开端，特朗普以美国利益为优先选项，频频抨击多边自由贸易，贸易保护主义盛行。特朗普政府认为美国并没有从既有国际制度中获取更多的利益，反而处处受到约束，应及时摒弃现有的多边条约，退出国际组织。特朗普政府以实现削减贸易逆差和促进国内投资为目标，推出包括强化经济主权、减少国际规则束缚、修改贸易协定和加强贸易执法等措施。虽然与奥巴马重视多边经贸合作不同，但特朗普政府以经济利益为中心的立场并未改变。

同时，由于商人的身份，特朗普对国家经济利益的理解较为不同，更重视从内部寻找途径解决突破。特朗普秉持“国家主权高于一切”和“美国优先”的价值观，以国家主权名义拒绝接受国际组织及规则的约束，选择退出TPP来避免承担更多的经济负担，将重心转到短期能见收益的双边经贸协定。特朗普政府认为，TPP将给美国中产阶级和工人阶级带来损失，美国为之付出的成本与得到的回报不成正比，在竞选时即提出美国应该退出TPP。特朗普政府将实现经济增长的目标锁定在国内投资和净出口的增加，而不是经济全球化和前几届政府所推崇的贸

① 赵晋平等著：《跨太平洋伙伴关系协定：经济影响与对策》，中国财政经济出版社2013年版，第42、43页。

易、税收、监管和能源政策等方面。美国经济利益是特朗普对外经济政策的出发点，只不过选择实现的方式和方法更符合美国当前的现实情况。2018 年 1 月，特朗普发表上任后首份国情咨文演讲。他在演讲中就美国经济现状表示，自 2017 年大选以来，美国创造了 240 万个新的就业岗位，其中仅制造业就新增了 20 万个就业岗位。经过多年的停滞后，工资终于开始上涨，失业率已经创下 45 年来的新低。2018 年 2 月，特朗普向国会提交了首份正式经济报告指出，通过废除奥巴马政府的政策，美国经济下一个 10 年的年均增长率将能达到 3%。

三、遏制战略竞争对手的目标不变

当今国际政治经济中的一超多强格局并未发生质变。美国作为世界上唯一的超级大国，与其他国家的复合相互依赖具有很强的不对称性，其他国家对美国的依赖远远超过美国对其他国家的依赖。因此，这种不对称性的复合相互依赖成为美国防范和遏制任何有可能挑战其国际地位竞争对手的重要武器。

大国竞争已取代恐怖主义成为美国国家安全面临的主要外部威胁。21 世纪以来，中美实力对比发生较大的量变。金融危机之后，美国支配其他国家和调动全球战略资源的能力和意愿均出现不同程度的弱化。而中国的经济实力得到较大幅度提升，其在东亚地区经济结构中的核心地位越来越稳固，国际影响力和话语权也日益增长。美国维护全球霸权地位的战略目标从未改变，因此其对华政策的实质是维护其“一超独霸”的世界地位，借国际制度规制中国，借国际多边和双边合作牵制中国，防止崛起的中国挑战美国的霸权地位。

美国认为中国在安全方面挑战美国亚太地区主导权，主要体现在两个方面：一是中国军力发展削弱了美国在亚太地区的军事优势。中国经济快速增长增强了军事力量，削弱了美国在亚太地区的主导地位。二是在地区安全制度建设上的竞争。长期以来，美国的亚太联盟主导着亚太安全，其强烈的排他性实际上并不利于亚太地区安全合作的发展。近年来，中国在提供地区安全公共产品上的积极性有所提升，这让美国感到不安，不仅强化了联盟体系，还试图联合印度，构筑地域广阔的“印太安全体系”，将中国的力量优势约束在东亚大陆一侧，实现以海制陆的目的。

奥巴马政府在对外战略方面推行以全球收缩、亚太地区推进“亚太再平衡”战略，力图缓解美国在全球范围内的过度扩张，集中应对中国的崛起，以重振美国霸权。[①] 其对华政策特点可以概括为：竞争合作、制约防范、规塑行为、影响发展、避免对抗。美国积极推动 TPP 的同时，反对中国倡议成立的亚投行。美国认为亚投行将挑战现有的金融秩序安排，试图阻扰盟友加入亚投行的筹建过程。[②] 美国在亚投行问题上的反应与对中国推动建立金砖国家新开发银行反应相似。此外，美国对中国提出的“一带一路”倡议也存在疑虑。美国担心中国建立诸如新的区域金融制度等国际制度与美国主导的国际秩序存在竞争，从经济、安全等领域积极给中国设门槛、建围墙。

尤其是在经济政策上，特朗普政府将对华贸易政策作为总体经济政策中的重点组成部分。首先，中国是美国贸易赤字的最大来源国，贸易赤字占美国贸易赤字的比例将近 50%，特朗普政府将美中贸易赤字作为消除美国长期贸易赤字的重心。其次，中美双方在国际贸易中的竞争日益激烈，特朗普对美国在国际分配格局中的相对失利地位大为不满，以贸易保护主义为旗帜的对外经贸措施，旨在通过中美贸易战来进行打击。最后，特朗普政府的经济单边主义是为美国应对中国崛起的一次战略尝试。除了中美的直接贸易摩擦，美国通过签订双边贸易协定，拉拢墨西哥、加拿大等贸易伙伴，旨在封锁中国对外经贸关系。在高端制造业，特朗普政府对《中国制造 2025》规划中要求实现重点突破的领域

---

① 阮宗泽：“美国‘亚太再平衡’战略前景论析”，《世界经济与政治》2014 年第 4 期，第 4－20 页。

② Shannon Tiezzi, “America’s AIIB Disaster: Are There Lessons to be Learned?”, March 18, 2015, https://thediplomat.com/2015/03/americas－aiib－disaster－are－there－lessons－to－be－learned/.（上网时间：2018 年 3 月 20 日）

进行精准打击，企图遏制中国在未来高科技领域的发展，保持对中国的领先优势。

第二节　美国对 TPP 认知变化中的自变量

从奥巴马到特朗普，美国出现了亚太战略理念的转向、对外经济理念的转向、对外贸易的转向。这些转向不仅影响了美国对 TPP 的认知，也反映了美国对外政策的不断调整。

一、亚太战略理念转向：从规则到实力的转变

奥巴马政府强调多边协调与合作，推动“巧实力”外交，旨在保持美国的全球领导地位。2010 年出台的《美国国家安全战略报告》在阐述美国国家利益时，首次将国际秩序作为美国国家四大核心利益之一。2014 年奥巴马在西点军校的讲话中，阐述美国对外政策的四大侧重点时将“促进与强化国际秩序”作为第三大重点内容提出。[①] 奥巴马政府将战略重心调整至亚太，试图构建以规则为基础的亚太安全。奥巴马“亚太再平衡”战略的制定和实施强调以规则为主导。在亚太地区的安全和经济架构需要充分体现美国地区安全和经济政策所蕴含的基本原则。在安全上，确保自由和开放的商业活动，以和平方式解决争端，建立公正的国际秩序，该秩序强调国家的权利和义务、忠于法制以及所有国家畅通无阻进入全球公共领域。[②] 经济上，一个以规则为基础、开放、自由、透明和公平的经济秩序，亚太地区经济合作与一体化，平衡、包容和环境可持续的经济增长，高标准、基础范围广泛的自由贸易

① 杨卫东：“奥巴马外交：主义意识还是问题意识”，《学术前沿》2015 年第 4 期下，第 79 页。

② Michele Flournoy, Remarks at The Third Annual Engaging Asia Conference, The National Bureau of Asian Research, September17, 2010, http://nbr.org/downloads/pdfs/eta/EA_Conf10_Flournoy_Transcript.pdf.

协定。[①] 奥巴马政府的对外政策以突出多边主义，突出软实力，突出非传统安全，突出现实主义为特征。

TPP 是美国“亚太再平衡”战略的经济支点，是奥巴马政府确保由美国书写 21 世纪贸易规则的经济手段。TPP 的意义不仅在于所形成的贸易和经济体量，而且在于它代表着全球贸易规则演变的开始，意味着全球贸易规则博弈的升级。在原有的 WTO 框架内，涉及的是商品货物在各协定国之间的自由（低关税）流动，跨国公司在某主权国家经商必须遵守主权国家的法律和仲裁，这对美国跨国公司形成较大的主权壁垒约束。TPP 首次引入 ISDS，设计出一套独立于 WTO 国家争端解决机制以外的新程序。因此，以跨国公司为主导的美国经济也成为 TPP 中最大的受益者。相较于以前的争端解决机制，TPP 的 ISDS 将跨国公司的权力推向一个新高度。奥巴马在《华盛顿邮报》刊文认为，TPP 通过设定最高的实施标准以及取消壁垒来确保公平竞争。简单地说，TPP 一旦实施，美国企业将出口更多美国制造的商品，支撑更多更高收入的工作岗位。[②] TPP 的签署和实施带来的最大变化是新的贸易和投资规则的形成。TPP 的特征之一即是为 21 世纪的贸易和投资确定新规则，这些规则不仅涉及边界之上的市场准入和各种限制，更涉及影响公平竞争、营商环境的各种规则。如果 TPP 达成，区域内的货物和贸易将实现自由流动，投资和劳动力也可以自由流动，各成员国将发挥比较优势跨区域进行生产合作。美国将凭借强大的竞争力在区域内达到利益最大化。

奥巴马政府坚持以规则为基础，虽然在现实中可以节省战略资源，降低维系国际秩序的成本，但国际规则往往具有滞后性，[③] 一旦新兴经济体权力上升或以权力政治的原则行事，国际秩序将面临系统性危机。

---

① Hillary Clinton, “America’s Pacific Century;” Remarks at East – West Center, Honolulu, November 10, 2011; Robert D. Hormats, Remarks at The Third Annual Engaging Asia Conference; Kurt M. Campbell, “Principles of U. S. Engagement in the Asia – Pacific”.

② “奥巴马亲自撰文为 TPP 辩护”，《参考消息》2016 年 5 月 4 日，第 14 版。

③ 左希迎：“特朗普政府亚太安全战略的调整”，《世界经济与政治》2017 年第 5 期，第 40 页。

与奥巴马相比，特朗普政府界定外部威胁主要依赖于国家利益，这是特朗普外交政策的逻辑起点。特朗普是一个注重实力和战略利益的领导人，他把战略利益放在国家利益排序第一位，优先于意识形态利益。2019 年 6 月，美国国防部网站公布了最新版的所谓的《印太战略报告》，第一次以国防部名义推出有关“印太战略”的系统论述。报告强调美国将继续加强同日本、韩国、澳大利亚和东盟国家的联盟与伙伴关系，强调盟国在共同利益和抵御共同威胁等领域与美国合作的突出价值。特朗普一方面延续了奥巴马政府的亚太联盟政策，另一方面又积极要求盟友以经济换安全，将结盟作为实现共同利益的手段，最大程度服务美国的经济利益，试图提升自身经济实力。

特朗普坚持“美国优先”的外交原则。特朗普在竞选初期就提出以“美国优先”原则为基础的外交政策纲领，其基本内涵是：把美国利益放在首位，用美国主义取代全球主义。特朗普的重心并不在输出民主、自由价值和制度等传统议题，而更为青睐能尽快获益的“美国优先”，其当选之后，将这一原则上升为执政理念。舆论界的普遍看法是，特朗普政府有意在亚太地区实现一定程度的战略收缩，减少地区安全承诺，进而将更多的注意力集中在国内事务上。根据特朗普一贯的表态，总体上希望通过“美国优先”降低美国的战略成本，对亚太地区虽然重视同盟关系，但在对待同盟关系上，希望同盟承担更多责任以减少美国的负担。尽管“美国优先”被贴上孤立主义、保守主义、民粹主义等标签，但在避免美国深度介入某些地区事务，放弃承担更多国际责任方面，仍服务了大国竞争的战略重心，也是特朗普政府外交逻辑中的重要特征。

特朗普坚持构建以实力为基础的地区秩序，强调与对手的冲突和对抗，以实力压制对手。与奥巴马政府相比，“美国优先”主张以实力求和平，大国竞争性突出，旨在强调优先维护全球化背景下的美国国家利益。特朗普上任后开始系统论述所谓的“印太战略”。2017 年 10 月，时任美国国务卿蒂勒森在美国智库战略与国际问题研究中心提出“自由开放的印太”概念。同年 11 月，特朗普在越南参加 APEC 峰会时首次提出其政府的亚太政策焦点是“自由开放的印太”。同年 12 月，特朗普政府出台的首份《国家安全战略》，首次将“自由开放的印太”写入国家战略。与“亚太再平衡”战略相比，“印太战略”主观地将中国作为对抗目标，定位更为公开化，并有效动员日本、印度、澳大利亚等区域内大国或中等强国，试图构建一种以实力为基础的亚太安全秩序。这主要包括两个方面的内容：一是特朗普致力于加强美国军事力量建设。目前来看，特朗普政府在亚太地区的安全战略不仅基于对全球问题的通盘考虑，还基于对奥巴马政府既有政策的批判发展而来。尤其是“亚太再平衡”战略，成为特朗普政府的批评重点。特朗普政府认为，奥巴马政府的“亚太再平衡”战略过于依赖地区国家的经济合作，忽视了军事力量建设，这导致美国在应对朝核问题和中国南海问题上软弱无力，同时令其盟友大失所望。二是特朗普政府旨在构建一个动态平衡的亚太安全秩序。在奥巴马政府时期，美国试图构建以规则为基础的安全网络，这既包括推动亚太地区安全的网络化进程，也包括亚太地区安全的规则化进程。特朗普政府更加强调美国自身力量建设，通过宏观上的权力格局来塑造一个动态平衡的秩序，然后倚重盟友和战略伙伴来维护亚太地区领导权。美国退出 TPP 不会对现有的海外市场造成影响，却能阻止新规则的形成和进一步的开放，以及基于这种规则和开放之上的区域和全球化趋势，避免美国企业和产业，尤其是服务业向海外的进一步转移。

二、对外经济理念转向：从肯定全球化到逆全球化

从世界范围的全球化历史进程来看，全球化是资本主义生产方式的扩展及扩展其空间的结果，其主导力量是欧洲和美国等西方资本主义国家。① 全球化的实质是亚当·斯密提出的在市场不断开放的情况下分工和生产要素在世界市场范围内的优先配置。经济全球化这个词最早由特

① Roland Robertson, *Globalization: Social Theory and Global Culture*, Sage Publication Ltd, 1992, pp. 10 - 13.

·莱维于1985年提出，但至今没有一个公认的定义。有学者从生产力运动发展的角度分析，认为经济全球化是一个历史过程。一方面，在世界范围内，各国、各地区的经济相互交织、相互影响、相互融合成统一整体，即形成全球统一市场；另一方面，在世界范围内建立了规范经济行为的全球规则，并以此为基础建立了经济运行的全球机制。因此，经济全球化是指生产要素跨越国家，在全球范围内自由流动，各国、各地区相互融合成整体的历史过程。也有学者从生产关系的角度分析，认为经济全球化实际上是以美国为代表的发达国家和跨国公司利用科技进步，借自由之名，行控制世界经济之实，使发达国家越来越富裕，发展中国家越来越贫穷的历史过程。经济全球化是一个市场开放和资源再配置的过程，也是一个竞争优势与利益格局重构的过程。经济史学家哈罗德·詹姆斯认为，由美国主导的全球化进程始于20世纪中后期，与始于19世纪末、源起动力来自于大西洋贸易的第一轮全球化进程不同，美国所主导的制度性建设有效地支撑了第二轮全球化进程。[①] 在第二轮全球化进程中，布雷顿森林会议确立了以美元本位为核心的国际货币体系，世界贸易组织推动了自由开放的国际贸易体系的建立，美国逐渐推进以市场为导向的全球化价值取向的确立。[②]

奥巴马政府降低了军事重要性，却在网络安全、教育、经济、移民、气候变化等全球化的综合议题上大幅提升美国的领导地位。奥巴马在联合国首次亮相时提出“四大支柱”，即防止核扩散、达成巴以和平协议及打击恐怖主义、应对气候变化和发展全球经济。2016年9月，奥巴马发表任内最后一次联合国大会演讲，同样提到四个要点：使全球经济造福全人类而非少数富人，打造包容、负责任的治理模式，反对宗

① Harold James, *The End of Globalization: Lessons from the Great Depression*, Harvard University Press, 2001, pp. 130 – 135.

② 盛斌、马斌：“全球金融治理改革与中国的角色”，《社会科学》2018年第8期，第15 – 23页。

教激进主义和种族主义，加强国际合作。① 多边经济合作是经济全球化的一种合作方式，美国力推 TPP 虽然在亚太地区设置了高门槛使非成员国的发展受限，但仍是参与经济全球化的一种形式。

特朗普经济政策的一个典型特征即是逆全球化的经济民族主义倾向。在特朗普决策团队看来，全球化的后果之一是美国成为相对利益受损者（相对于新兴经济体）；后果之二是华尔街与硅谷成为主要受益者，而广大中产阶级不仅没有受益，反而成为受害者；后果之三是高技能群体是受益者，低技能群体是受害者。② 随着逆全球化思潮的兴起，美国内部在经济全球化和逆全球化的选择中不断纠结，从而引发价值冲突。全球化导致收入分配恶化的利益受损者和全球化下的受益者是美国在全球化进程中价值冲突的双方。③ 特朗普从竞选开始就表现出逆全球化的倾向，比如限制墨西哥移民进入、加息减税以及对美国最大贸易国中国可能造成的贸易打击等。特朗普政府认为，国内投资下降和贸易赤字增加的主因是经济全球化。主流的经济学研究认为，通过商品、资本和人员的跨国流动，经济全球化能够提高国际分工水平和生产要素的配置效率，推动世界经济的总体增长和各国生产力的发展。但在特朗普的经济政策团队看来，经济全球化在过去几十年来极大地限制了美国国内投资的增速，扩大了美国的对外贸易逆差，并对美国经济尤其是制造业部门造成严重损害。在 20 世纪 80 年代以前，美国企业主要通过在国内工厂用资本代替劳动力来提高生产效率。但随着经济全球化进程加速，越来越多的美国企业通过将工厂和生产基地转移到低成本国家的方式来实现利润的最大化。工厂的大量外迁不仅降低了国内投资和 GDP 增速，同时外迁工厂的产品出口到美国还进一步增加了美国的贸易赤字。虽然全球化带动了美国的出口，但美国的商品进口增长速度远远超过出口。

---

① 参见“奥巴马：避免世界更分化各国应修正全球化路线”，《联合早报》2016 年 9 月 22 日。

② 李向阳：“特朗普经济政策评估”，《国际经济评论》2017 年第 4 期，第 58 页。

③ 孙天昊、盛斌：“墙还是梯子？——美国在全球化进程中的价值冲突与特朗普政府的选择”，《美国研究》2019 年第 4 期，第 27 页。

特朗普在竞选期间提出“经济独立”的口号，主张减缓全球化的势头，强调经济主权和减少对国外的经济依赖，这在很大程度上缘于他认为当前的经济全球化对美国不利。[①] 特朗普上台之初，2018 年 1 月制造业就业人数约为 1236 万人，在特朗普实施税收改革和贸易保护等政策后，美国制造业的就业人数不断上升。据美国劳工统计局数据显示，2018 年底，美国制造业的就业人数达到 1284.2 万，失业率达到近 50 年来的最低点 2.8%。[②]

逆全球化思潮使美国人在贸易问题上产生了较为严重的分裂和对立，也进一步促进贸易保护主义盛行。特朗普政府反对 TPP，认为美国所签署的多边贸易协定阻碍了贸易的再平衡。特朗普政府认为，美国经济为支持经济全球化的国际主义者所主导，后者推行的贸易政策是完全失败的，包括让美国加入的贸易协定以及主要贸易伙伴对美国的巨大贸易顺差。美国商务部长威尔伯·罗斯认为，美国制造业岗位数量和生产率的下降，以及与之相关的经济增长缓慢和工资停滞不前，被一系列阻止贸易重归平衡的糟糕的贸易协定和长期的汇率错配加速和放大了。[③] 特朗普政府认为奥巴马政府失败的贸易政策加剧了全球化对美国经济的冲击。

共和党注重双边而非多边的传统，也决定了特朗普政权对于宏大的地区议程的关注度不高。尽管欧、亚同等重要的战略位置决定了“同美国自动地、本能地把自己看作大西洋联盟的一员一样，现在美国也要学会自动地、本能地把自己看作是一个亚洲—太平洋国家”，[④] 但特朗普可能会更重视同欧洲的传统纽带联系，更重视从亚洲增长中寻求切实的

---

① Donald J. Trump, “Declaring American Economic Independence”, Speech at the Alumisource Factory in Monessen, Pennsylvania, June 28, 2016.

② 孙天昊、盛斌：“墙还是梯子？——美国在全球化进程中的价值冲突与特朗普政府的选择”，《美国研究》2019 年第 4 期，第 26 页。

③ Wilbur Ross, “Trump Campaign Benefits from Criticism of Trade Imbalances”, *Financial Times*, August 29, 2016, p. 11.

④ ［美］理查德·M. 尼克松著，范建民等译：《超越和平》，世界知识出版社 1995 年版，第 116 页。

获利。

三、对外贸易理念转向：从自由贸易到贸易保护主义

经济全球化的核心是贸易全球化。随着全球货物贸易、服务贸易、技术贸易的加快发展，经济全球化促进了世界多边贸易体制的形成，加快了国际贸易的增长速度，促进了全球贸易自由化的发展。从一个国家的贸易政策，能够同时看出这个国家的外交、安全战略及其经济目标。① 伴随着美国对外贸易的发展，美国越来越相信贸易应是改造国际政治的一支重要力量，并坚信美国的商业繁荣与发展最终会使美国获得在国际政治中举足轻重的地位。与美国重视商业力量相关的就是美国提出自由贸易原则，相信推广自由贸易原则有助于世界和平。这一思想既基于美国扩大自身贸易的利益考量，也受到理想主义的影响。理想主义把自由贸易视为新的基于理性、道德和开放原则的国际秩序的基础。在贸易政策上，民主党和共和党通常分别代表不同的利益集团，通常政府或者国会的党派属性在相当大程度上决定着美国贸易政策的性质。②

奥巴马执政期间，金融危机的爆发使尚未走出衰退期的美国经济雪上加霜，失业率陡增。为复苏经济和降低失业率，奥巴马政府对外经济政策的重要标志即为积极推进 TPP，以建立亚太自贸区成为 APEC 框架下推进区域贸易投资自由化为主要目标。TPP 的启动和进展可能成为通向亚太自贸区的主要路径和主要方式。一方面，TPP 的谈判方式、议程设定、涉及领域、目标高度等方面取得的成果可供亚太自贸区框架效仿；另一方面，通过 TPP 来不断扩员，与实现亚太自贸区边界的逐渐接近，直至最后吻合，TPP 将成为亚太地区自由贸易的典范。TPP 对亚太地区的其他自由化机制和框架产生了一定的示范效果，对整个亚太地区的贸易投资自由化带来巨大的推动和促进作用。虽然奥巴马政府也提出

---

① ［美］克劳德·巴菲尔德著，张叶译：“亚洲自由贸易：站在岔路口的奥巴马”，《国际经济评论》2014 年第 3 期，第 158 页。

② 屠新泉：“党派政治与美国贸易政策的变迁”，《美国研究》2007 年第 4 期，第 68 页。

“再工业化”“购美国货”和“国家出口计划”等战略来强调贸易保护的地位和作用，但仍然遵循原有的贸易规则，在自由贸易的框架下来振兴美国经济。

美国是经济全球化的最大受益者，长期以来以自由贸易最重要的推动者自居。然而特朗普就任以来，美国对于自由贸易和经济全球化的态度发生逆转，贸易保护主义成为其对外经济政策的鲜明标志。从美国退出 TPP 为开端，美国推动 NAFTA 重新谈判，掀起加征关税和对华贸易摩擦高潮，通过贸易保护主义不断升级来威胁和迫使对方做出让步，达到榨取更多利益和遏制其他国家发展的双重目的。特朗普主张贸易保护主义，认为长期以来的高额贸易逆差和国内制造业萎缩使得美国经济增长远远低于预期，自由贸易并未提供给美国在国际贸易竞争中的“公平贸易”环境，只有坚持贸易保护主义并使用必要手段打击其他国家“不公平贸易”行为，才能开启美国经济全面复苏大门。2017 年 3 月，美国贸易代表办公室发布了美国《2017 年总统贸易政策议程》，阐述了特朗普政府的四项贸易优先事项，分别是捍卫美国的主权、强化美国的贸易执法、利用美国经济杠杆扩大货物和服务出口、保护美国的知识产权。特朗普政府宣布美国将不会再受制于 WTO 的规章制度，优先维护美国的贸易利益。报告中声称，美国将会继续保留 WTO 成员国的身份，但是不会一味按照 WTO 的规矩办事，这已基本宣告美国将全面实行贸易保护主义政策。2018 年发布的《贸易政策议程》重申“美国优先”，将维护国家安全、增强美国经济、商谈有利于美国的贸易协定、进一步严格执行国内贸易法和改革多边贸易制度作为五大支柱任务，标志着特朗普政府开启了贸易保护的新时代。① 特朗普政府的贸易保护主义主要体现在通过建立贸易壁垒以保障本国就业机会，并采取多项措施来推动出口，例如，在农业部设立专门负责贸易和农产品出口的副部长职位，帮助扩大农产品出口；在面临共和党反对的情况下，依然向参议院提交

① USTR, 2018 Trade Policy Agenda and 2017 Annual Report of the President of the United States on the Trade Agreements Program (New York: USTR, 2018), pp. 1 –7.

美国进出口银行董事会领导和成员的提名名单，支持该银行在推动美国企业的出口上发挥更大作用；[①] 不惜以废除2007年签订的美韩FTA作为要挟，旨在谈判中以此为筹码压迫韩国取消进口汽车的非关税壁垒；就知识产权保护和技术转移等问题对中国启动“301条款”调查等。特朗普将国内经济运行问题复杂化、外部化、政治化，将美国严重的贸易赤字归因于其他国家，开启了贸易战序幕。

与奥巴马政府相比，特朗普政府强调双边谈判和单边主义，贸易保护更为直接；频繁推出贸易保护政策组合拳，贸易保护措施更为全面；将中国定位为战略竞争对手，贸易保护态度强硬。自特朗普政府开始，全球贸易自由化进入震荡期，贸易摩擦和竞争加剧，将给发达国家和发展中国家带来新的挑战。

第三节　美国对TPP认知变化的特点

美国对TPP的认知变化是美国对外经济战略调整的重要标杆，其认知转向是一个复杂的过程。从奥巴马到特朗普两届政府对TPP认知的变与不变中可以看到，美国对TPP的认知并不是一个完全理性规范的决策过程，而是受到政党政治、利益集团、公众舆论、领导人个人风格等多方面影响，并导致认知差异。

一、多元认知的政治较量

国家的对外政策既是基于对国际形势判断的抉择，也是对于国内政治做出的反应。美国的外交政策部分由美国国内的需要、国内政治体制中所提出的政治诉求以及制定美国外交政策的程序所决定。美国的TPP政策首先根源于其国内政治竞争的需求。美国政府对TPP的认知就是决

① 吴其胜：“特朗普贸易新政：理念、议程与制约因素”，《国际问题研究》2018年第1期，第130页。

策集团在博弈各方对亚太地区经济主导权不同认知基础上的整合与共识。美国国内存在着对政府决策进行牵制的各种力量，各种势力会从自身的立场和利益出发对政府施加压力，从而影响美国政府的对 TPP 的认知与政策选择。

冷战后，基于维护唯一超级大国地位的影响力，美国内政与外交的界限越来越模糊，两党轮流执政及三权分立政治体制时常反映到对外政策上，从而影响美国的对外经济决策。政党政治是美国政治体系中的重要组成部分，两党对政府和国会控制权的博弈贯穿于公共政策的整个决策过程。[①] 美国政党政治在竞选过程中表现得最为突出，竞选者抨击现有对外经济政策的现象时有发生，在经济衰退的风险中，较为突出的对外经济政策也往往成为众矢之的。2016 年总统大选中，民主党东北部政治联盟发生了重大分裂，并成为特朗普获选的关键力量，这种政治力量的变化必然导致特朗普政府对外经济政策的调整。政党政治对美国贸易政策制定影响颇大：一方面，两大政党的差异性决定了双方倾向于不同的贸易政策，同时每个利益集团与总统选举结果的关系密切，这为尚未正式签署的 TPP 带来极大的风险；另一方面，执政党的贸易政策选择也是国内政治和国际政治综合作用下的产物，不仅是国内利益集团游说的结果，还涉及国家之间的关系，特别是世界大国贸易政策的选择，既影响本国，又会引起他国的反应。[②]

总体来说，美国政府关注亚太地区发展前沿，而且基于美国的整体利益，因此对 TPP 采取相对较为务实的态度。国会议员更多关心本选区选民的态度，为了争取选民和利益集团的支持，在 TPP 谈判过程中更为关注与之利益攸关的议题内容。公众舆论则喜欢利用甚至制造矛盾来吸引观众，由于其独立的地位和在政府决策中的重要影响力，公众舆论很大程度上受到媒体的影响和塑造。利益集团出于利益驱动，农业集团代

① 李杨、孙俊成：“特朗普政府的贸易保护主义政策”，《美国研究》2019 年第 3 期，第 43 页。

② ［美］吉恩·M. 格罗斯曼等，朱保华等译：《特殊利益政治学》，上海财经大学出版社 2010 年版，第 182 页。

表农民和农场主的利益，工商业集团则代表了企业利益和发展需求，工会、环保等利益集团通过要求修改、反对等方式表达自身利益诉求。在美国，特有的权力制衡和选举体制决定政府与利益集团、公众舆论之间的折中与妥协。这在某种程度上限制了政府的政策选择，即使智囊团可以理智的提供参考意见，但有时也不得不屈从于民意的掣肘。特朗普上任之初，身边人物主要分为两派，一派是以特朗普女婿库什纳为领导的“全球思维派”，另一派是以白宫首席战略家班农为代表的“民粹主义派”。相较而言，前者属于温和派，希望特朗普仍保持在主流位置，后者属于激进派，希望其极端保守主义和孤立主义论调被执行的更彻底。但随着班农的辞职，特朗普安抚建制派、商界领袖和一些民主党人，传统温和派相对占据上风，也进一步表明特朗普政府根据变化寻求政策平衡。

国家外交政策不能被视为纯粹是对国际体系输入的反应，它会被其他利益扭曲和改动，利益竞争机制都会以某些形式渗入外交政策进程。在美国这样的多元主义社会里，政治过程无处不在。美国内部的政治过程不是一个规范的、理性的、合逻辑的决策过程，而是一个各种竞争性利益间动态的、潜在不稳定的、通常纷争不断的关系体系。国家内部存在许多次国家行为体，范围涵盖政府及各种官僚机构，经济、政治和媒体组织。各种行为主体不同程度地卷入对外政策的制定过程。外交政策选择对国内利益集团的影响很少是中性的，政策竞争围绕着其制度和规范结构而展开。

美国国内50个州在产业结构、资源优势和地理区位等方面的差异而从对外贸易中能够获得的利益大相径庭，而作为一个分权的国家，每个州都能通过以国会议员为代表的利益代言人来影响政府对外贸易政策的选择。[①] 奥巴马积极推动TPP曾引发美国国会和政府的政治博弈，其直接原因是共和党和民主党在自由贸易和经济全球化问题上存在根本性

---

① 徐康宁：“美国政党分野、州际差异如何影响美国对华贸易政策?”，《国际经济评论》2014年第6期，第90页。

分歧，各个利益集团都试图通过游说国会议员来抵制可能的自由贸易协定带来的冲击，而在国会两党竞争的格局中，各个相关利益集团都通过两党的不同政治主张而集中体现出来。[①] 作为特朗普胜选的关键力量，以白人蓝领阶层为代表的“铁锈带”各州强烈呼吁改变现状，而这种变革诉求却未能得到民主党的积极反馈，矛盾冲突在总统大选中表现得淋漓尽致，也导致美国两党政治力量对比发生变化。特朗普当选后首先选择退出 TPP，迎合了政党选举主流力量的诉求，其一系列贸易保护主义政策的接踵而至，也是政党政治发生变化的必然结果。

二、贸易政策目标和手段存在矛盾

美国是世界贸易的主要推动者，进口量和出口量在世界贸易中均位居前列，占有重要份额，对世界贸易的发展有积极贡献，同时美国也是国际贸易规则制定的积极参与者。美国整体经济实力强大，绝大多数国内产业和服务业在国际贸易中有较强的竞争力，是国际贸易中的最大受益者之一。因此，在大多数领域美国是自由贸易的倡导者和推行者，但在若干劳动密集型产业上相对不具有竞争优势。在这些领域，美国采取了一系列过度的保护主义措施，美国贸易法的有关规则也与 WTO 的规则相违背。

无论是奥巴马政府，还是特朗普政府，都强调以扩大出口实现国内经济增长。美国的贸易政策目标总体上以维护美国经济霸权为宗旨，但实现目标的贸易政策却在实际执行过程中受到经济周期波动、贸易收支和产业状况的深刻影响，也受到各行业的利益集团和政治利益左右。奥巴马第二任期开始时高调宣布将 TPP 和 TTIP 合成的“两洋”贸易战略并纳入其核心政策议程，力图打造 21 世纪的贸易规则体系。然而在实际谈判过程中，由于美国主导了 TPP 的议题设定，从文本角度来看，许多都是美国国内法规在国际层面的延伸，美国接受起来很容易，这对其

---

① 项卫星：“美国的贸易政治对贸易政策决策的影响：基于 TPP 谈判的视角”，《世界经济研究》2015 年第 11 期，第 21 页。

他成员国而言却是挑战。为使谈判得以最终达成，TPP 协定必须兼顾其他成员国的利益，这部分内容通过例外和附件的形式得以体现。例如货物贸易的附件，不同国家包含的内容不同，澳大利亚、文莱、智利、新西兰、秘鲁、新加坡等成员国仅包括一般说明和关税减让表，加拿大、日本、马来西亚、墨西哥、美国、越南则或多或少还包括其他附件，如关税配额、农业保障措施、关税差别、机动车贸易、进口补贴项目等。[①] 奥巴马政府希望先完成 TPP 谈判，再以此为筹码从国会争取贸易谈判“快速道”授权，以保证 TPP 获得国会批准。但贸易专家和国会议员认为，奥巴马政府应该先获得国会“快速道”授权后再完成 TPP 谈判。实际情况是，TPP 的谈判延迟至 2015 年才结束，再加上中期选举后奥巴马的“跛脚鸭”角色和国内政治极化现象的加剧，即使获得国会“快速道”授权，TPP 也无法实现预期的贸易目标。

特朗普政府将美国的贸易政策调整为实现“美国优先”，主张贸易保护主义，企图降低其他国家的贸易壁垒，达到增加美国出口的目的。特朗普认为，美国是非常开放的经济体，美国的贸易伙伴，包括日本、加拿大、中国、欧盟相比美国来说都存在很多贸易壁垒。在贸易政策方面，特朗普认为 TPP 对美国是一场潜在的灾难，一上任即宣布美国退出 TPP。特朗普政府坚持双边贸易协定，以便将就业机会和产业重新带回美国，重振美国制造业。然而，特朗普的贸易政策虽然在政治上迎合了国内民族主义的诉求，也得到东北部传统制造业、工会和国会民主党议员的支持，却在逻辑和经验上存在内在矛盾。

首先，特朗普政府认为贸易赤字和投资下滑是美国经济疲弱的表现，需要通过包括贸易政策调整在内的经济改革加以纠正。2017 年 11 月，特朗普结束首次亚洲之行后表示，“我们每年与其他国家的贸易逆差接近 8000 亿美元”，这“不可接受，我们将开始尽可能快地削减”。但经济学的分析表明，一个国家经常项目下的贸易赤字与其资本项目下

---

① 中国社会科学院世界经济与政治研究所国际贸易研究室：《跨太平洋伙伴关系协定文本解读》，中国社会科学出版社 2016 年版，第 23 页。

的资本盈余是相伴的。美国的经常账户贸易赤字很高，但美国同时利用发达的资本市场和缜密的国债（美元融资体系）实现资本净流入。在后金融危机时代的宽松货币环境中，为了获得更高回报，欧洲与东亚的机构投资者大量购买美国政府机构债券和企业债券，购买规模也已超过了各国货币当局。2000 年到 2014 年初，亚洲国家外汇储备规模的上涨与累计贸易盈余的增长几乎吻合，但从 2015 年开始，两者的关系出现背离，外汇储备规模下降的同时，贸易盈余仍在不断增加。与“凭空消失”的国家外汇储备规模相匹配的正是私人部门资产配置的资金外流。历史上，美国经济繁荣时期大多都是贸易赤字迅速增加的时期，美国在 20 世纪 30 年代的大部分时间虽然出现贸易顺差，但经济却很低迷。[①]

其次，贸易保护造成的产业价值链分割将带来效率损失。特朗普政府主张贸易保护消除贸易赤字和重振美国制造业，但贸易赤字主要由国内私人储蓄、投资、政府开支水平等各种宏观经济因素决定，如果不解决贸易失衡的根源问题，仅通过缩小对个别国家的贸易逆差并不能实现削减贸易赤字的目标。[②] 例如，2018 年 1 月，美国政府宣布对进口光伏产品采取为期 4 年的全球保护措施，本意是想制裁中国的光伏企业，但却遭到美国国内地方政府和相关企业的强烈反对。因为安装等下游企业作为光伏产品的需求者，利润空间必然受到严重挤压。美国太阳能产业协会估计，美国政府的这一决定将造成美国相关行业 2.3 万人失业。[③] 即使为了响应特朗普的号召，部分美国企业和外资企业相继宣布在美国本土建厂提供就业机会，但企业的决策是依据生产成本和销售来决定投资目的地，短期内也许能配合行政命令，但从长期来看特朗普的贸易政策无法阻止美国跨国企业的生产战略，并将破坏美国内外自由市场的分工和资源配置原则，扰乱资本、资源等要素的正常流动。

---

① “How to Think About the Trade Deficit”, *The Wall Street Journal*, Eastern Edition, March 10, 2017, A. 14.

② Stephen Roach, “Trump Is Suffering from Trade Deficit Disorder”, *Financial Times*, March 8, 2017, p. 13.

③ 东艳：“贸易保护带不来制造业回流”，《人民日报》2018 年 3 月 27 日，第 22 版。

最后，特朗普要从根本上减少贸易逆差，就必须解决汇率失调问题。强势美元将使得企业将海外销售收入汇回美国的成本更高，也使得中低端出口商的产品在海外竞争力下降，将损害美国经济和美股表现。美国贸易逆差和制造业岗位流失一直是特朗普经济政策的重心。特朗普将这两个问题归因于其他国家享有的不公平优势，2017 年 1 月，特朗普上任之初，美元指数高达 103，在其就任一年后，美元指数跌至 88 左右，下降幅度超过 10%，是 2003 年以来跌幅最大的一年。美元汇率政策不仅体现在综合性的美元指数上，更体现在国别性的汇率差异上。特朗普利用国内法不断敲打其他经济体，希望其他经济体货币升值。在中美贸易摩擦持续升级的背景下，美国财政部宣布将中国列为“汇率操纵国”。美国认定“汇率操纵国”的量化标准有三项：一是某个国家对美贸易盈余超过 200 亿美元；二是该国经常性项目盈余 GDP 的比例超过 3%；三是该国通过买入外汇促使本国贸易贬值的买入量超过其 GDP 的 2%。当一个国家同时满足这三项标准时，美国才会将其认定为“汇率操纵国”。

三、领导人的执政理念和个人风格影响力不断放大

特朗普的个人经历、言谈举止、施政风格和政策特点，与前几任美国总统有明显区别。无论是基于选情需要、利益集团游说还是其他原因，特朗普“美国优先”执政理念将深刻影响美国，也正在影响和逐渐改变冷战结束以来对全球化与当代国际关系的思维认知方式。与奥巴马相比，特朗普个人执政理念的影响呈不断放大趋势。

首先，特朗普信奉“有原则的现实主义”和“以实力求和平”，从“体系领导者”转变为“利益捍卫者”。二战结束以来，美国的全球战略始终是通过建设、领导和维护由其占主导地位的国际制度来实现和维持霸权地位。美国霸权具有鲜明的制度霸权特征，它不仅通过硬实力获取，也通过制度性权力获取。在美国外交思想中，自由主义也一直以支撑国际制度为特征而占据主流地位。特朗普上任以来，“退群”已成为

其全球战略的首要特征。特朗普的从商经历也使其在经贸竞争中更重视成本收益，在处理大国关系中强调美国利益优先，凡是有损美国利益的多边协议坚决反对，凡是需承担的国际责任或义务以牺牲美国利益为代价的坚决抵制。具体而言，在经济层面上，特朗普本质上是一个“经济民族主义者”，他高度重视物质性经济实力在国家利益中的地位。特朗普认为政治因素决定经济关系，经济相互依存增加了国家间关系的脆弱性。① 美国退出 TPP 实际上是从多边向双边转向，从规则向实力过渡的信号灯。此外，在特朗普的个人风格影响下，总统日益扩张的行政权力也对其退出多边条约和国际组织起到推波助澜的作用。特朗普执政理念的改变并不意味着美国放弃世界领导权或回到孤立主义，而是美国面临发展困惑的阶段性转变。

其次，特朗普个人决断能力和风格强势，特朗普在竞选中承诺“让美国再次伟大”，希望成为改变现状并创造历史的总统。特朗普经济政策中，重振美国制造业，突出国内经济复苏，以单边主义处理国际经济关系。美国《华盛顿邮报》网站刊文称，在右翼支持者的帮助下，特朗普提出一种将国家利益与他的个人利益、爱国主义与对白宫椭圆形办公室主人的无限忠诚混为一谈的叙事方式。特朗普注重选民基础，从竞选开始在树立鲜明立场的同时，也重视基础选民诉求，习惯用新媒体传播自己的价值观，其言论时常成为舆论焦点。特朗普在竞选期间就高举反对 TPP 的旗帜，上任后即做出退出 TPP 的决定，塑造了对选民承诺言行一致的总统形象，尽最大努力赢取选民支持。随着特朗普竞选连任，他给美国两极分化的民主增添了压力，其个人风格正在改变美国。②

再次，特朗普属于交易型领导人，而非制度型，其核心团队成员大多拥有丰富的从商从军经验，重视效果和利益，奉行“以结果为导向”

① 邢瑞利：“特朗普政府的退出主义外交探析”，《和平与发展》2019 年第 4 期，第 28 页。

② “美媒：特朗普的个人风格正改变美国”，参考消息网，http://column.cankaoxi-aoxi.com/2020/0225/2402937.shtml。（上网时间：2021 年 3 月 9 日）

的政策。二战以来，无论约翰逊时期的《不扩散核武器条约》，尼克松、福特和卡特时期的军控协议，老布什时期的里约气候变化协议，克林顿时期的 WTO 以及导弹及其技术控制制度，还是奥巴马时期的巴黎气候协定，美国历届总统都倾向于支持国际制度并寻求扩展这些制度。直到特朗普时期，美国政府才从政策上广泛批评多边制度。特朗普处理内政外交事务的首要出发点是能否获利以及利益大小，坚持双边谈判优于多边谈判，在处理争端过程中以大棒震慑其他谈判国家让步。2018 年，美国国务卿蓬佩奥宣称，自冷战结束以来，国际秩序一直让美国失望，并抱怨“多边主义已经被视为自身的终结”，“我们签署的条约越多，我们就应该越安全。我们的官僚越多，工作就做的越好”，特朗普政府转向一种狭隘的交易型方式来对待制度。①

最后，特朗普的不确定性也成为实现政策目标的惯用伎俩。特朗普上台后，大力推行“美国优先”，以单边主义和贸易保护主义为主，包括向主要贸易伙伴加征高额关税、挑起贸易争端、退出国际组织等。与前几任政府相比，特朗普政府在处理或决定重大国际贸易、外交和安全政策措施时，屡次打破常规，不按套路出牌，甚至出现临时性变更或前后矛盾的转向。在处理对外关系中，特朗普习惯在不给对方看底牌的情况下公开声称要进行交易，这种交易手法在商业上或许有效，但在外交上却不一定行得通。对于盟国和合作伙伴来说，美国的价值观往往极具吸引力，然而特朗普以退出 TPP 为开端，接连抵触国际规则和多边协议，导致其他国家对美国领导力的信赖度日渐下降。

本章小结

从奥巴马到特朗普，美国对 TPP 的认知发生了根本性变化。在美国

① “约瑟夫·奈：特朗普交易型外交目光短浅”，参考消息网，http: //column. cankaoxi-aoxi. com/2020/0210/2401582. shtml。（上网时间：2021 年 3 月 20 日）

对 TPP 认知的过程中，政治理念、安全战略、经济利益和国内政治等仍是考察美国认知的关键大类，但两届政府的执政倾向和目的手段不同。首先，21 世纪以来，美国维护全球霸权的总体目标没有发生改变，这也是历届政府对外政策的出发点。奥巴马政府重视亚太地区在美国全球战略中的地位，仍然强调规则性和制度性。与奥巴马相比，特朗普的亚太战略理念从规则转向实力，从强调机制建设的软性竞争转向重视实力的硬性竞争。其次，美国以国家经济利益为中心的原则没有发生变化。相比于金融危机后的艰难时期，美国的经济逐渐走出低迷，但对外经济政策仍采取以出口促增长的经济模式。与奥巴马相比，特朗普的对外贸易理念从自由贸易陡然转向贸易保护主义。奥巴马时期推崇的以 TPP 为代表的区域合作机制被特朗普彻底摒弃，特朗普更为重视双边合作，以实力为后盾强迫合作的另一方做出让步。最后，两届政府遏制竞争对手的目标没有发生变化。奥巴马大力推进 TPP，其重要原因之一就是在亚太地区重建朋友圈，重塑经贸规则，以在经济制度上遏制他国。

美国对 TPP 认知变化并不是一个纯粹客观理性的过程，其中受到国内政治和领导人个人风格等多方面影响，存在认知偏差。美国内部的政治过程不是一个规范、理性、合逻辑的决策过程，而是各种竞争性利益间的动态的、潜在不稳定的、纷争不断的关系体现。

第五章　美国重返TPP的可能性及政策选择

特朗普宣布美国退出 TPP 之后，“全面与进步跨太平洋伙伴关系协定”（Comprehensive and Progressive Agreement for Trans – Pacific Partnership，简称 CPTPP）由启动 TPP 谈判的 11 个亚太国家继续推进。特朗普退出 TPP 后，却在美国是否重返问题上“一变再变”，存在反复性。在大国关系竞争加剧、保护主义盛行的全球大环境中，无论美国是否重返 TPP，亚太地区的经贸发展都面临机遇和挑战。因此，美国政府未来的对外经贸政策选择、亚太地区经贸合作前景值得高度关注。

第一节　CPTPP 的新发展

美国对 TPP 的认知是一个根据自身实力和利益变化而调整变化的过程。特朗普政府退出 TPP 之后，TPP 的影响力急剧下滑，贸易保护主义盛行，为区域多边经贸合作增加了不确定性。美国退出后，日本作为 TPP 原有成员中的最大经济体继续推动 TPP 进程，TPP 更名为 CPTPP，并已于 2018 年 12 月 30 日正式生效。

一、CPTPP 的发展现状

特朗普签署行政命令退出 TPP，标志着 P12 版本 TPP 的终结。经济全球化和多边贸易体制是世界经济发展的大趋势和大方向，除美国以外的 P11 既要考虑 TPP 的经济价值，也要考虑战略意义，继续推进 TPP 成为最佳选择。日本是 P11 中的最大经济体，在继续推进 TPP 的谈判中起到关键作用。日本一方面以亚洲自由贸易“旗手”自居，企图领导亚洲自贸区建设，[①] 取代美国在亚洲经济外交中的传统角色；另一方面，坚持推进 TPP 中的贸易规则，以“高标准”主导亚洲贸易规则并向全球推广。

2017 年 11 月 11 日，在越南岘港召开的 APEC 会议期间，日本经济再生担当大臣茂木敏充与越南工贸部长陈俊英在越南岘港举行新闻发布会，共同宣布除美国外的 11 国就继续推进 TPP 正式达成一致，11 国将签署新的自由贸易协定，并将“跨太平洋伙伴关系协定”（TPP）更名为“全面与进步跨太平洋伙伴关系协定”（CPTPP）。2018 年 2 月 21 日，新西兰政府公布了 TPP 修订后的最终版本 CPTPP。2018 年 3 月 8 日，参与 CPTPP 谈判的 11 国代表在智利首都圣地亚哥举行协定签字仪式。成员国代表在声明中表示，这一协定将加强各成员经济体之间的互利联系，促进亚太地区的贸易、投资和经济增长。成员国将努力推动立法机构完成 CPTPP 审批，推动协议尽快生效。2018 年 5 月 18 日，日本众院全体会议通过 CPTPP 批准案，CPTPP 在日本国会通过已成定局。2018 年 12 月 30 日，CPTPP 正式生效。在 WTO 改革陷入僵局、贸易保护主义抬头的国际经济环境下，CPTPP 的未来发展值得期待。CPTPP 生效条件相对宽松，门槛有所下降，扩容前景较好。2019 年 1 月，CPTPP 生效后的首次成员国部长级会在日本东京举行，各方发布联合声明表达了反对保护主义、支持自由贸易的立场。2021 年 2 月，英国正式申请加入 CPTPP。

CPTPP 与 TPP 相比，在市场准入、贸易便利化、电子商务和服务贸易等方面均无差异。从开放深度来看，CPTPP 保留了 TPP 协议中

① 周小明：“CPTPP 究竟能走多远”，http：//app001. ftchinese. com/story/001076684。（上网时间：2018 年 3 月 20 日）

95%的条款，但也对富有争议的条款进行了冻结。两者的主要区别体现在：

第一，强制条款的生效发生了改变。CPTPP 去除了没有美国签署就不能通过的条款，改为在任何六个成员国签署协议后 60 天生效，体现了国家不分大小，少数服从多数的原则。

第二，美国的退出导致 TPP 经济规模大幅缩减，虽然 CPTPP 从框架上看依然是迄今为止最高水平的自由贸易机制，但是冻结了其中 20 个项目，其中 11 个与知识产权相关，4 个涉及劳工标准和文化保护等方面。这些条款是美国为了维持技术优势和垄断地位而力推的项目，除日本之外的其他国家在这些项目中优势并不突出。为了保证协议通过，CPTPP 对这些项目进行了最大幅度的冻结，既考虑了发展中国家的利益，也降低了准入门槛。尽管 CPTPP 降低了知识产权条款的标准，但仍比现有标准更为严格。

表格 5—1　CPTPP 的冻结条款

涉及条款	冻结内容
关税与贸易便利化	冻结缔约国“需定期审查由国内法制定的货物免税运输额度”条款
投资	冻结“外国投资者可以以违反政府与其签订的投资协议或投资授权为由，向政府提起损害赔偿”条款
跨境服务贸易	冻结“各缔约国不得垄断邮政或快递服务，不得为快递服务提供补贴”条款
金融服务条款	冻结有关金融服务的最低处理标准以及特殊适用条款
电信条款	冻结有关电信纠纷复议条款
政府采购	冻结“该条款不得构成不正当歧视和贸易的变相限制”规定

续表

涉及条款	冻结内容
知识产权	国民待遇（对版权及邻接权的付款方式采取国民待遇）；专利使用对象（对已知产品的新用途以及使用已知产品的新方式授予专利，对从植物中获得的发明授予专利）；专利授权及保护期限（对专利授权以及市场审批过程中的不合理延迟进行调整或赔偿；版权以及邻接权的保护期延长至作者死后不少于70年）；未公开试验以及其他数据保护（对为了市场准入而提交的未公开的试验数据信息提供保护，并在审批后提供一定的市场保护期）；生物制剂保护（对于利用生物技术生产的用于疾病预防和治疗产品提供保护）；技术保护措施（对规避技术和权利管理信息所要求的民事、行政或刑事救济和处罚，用以保护版权人的权利）；权利管理信息（对版权管理信息提供更严格的保护）；卫星与电缆信号加密保护（无需卫星合法运营商授权，第三人也可对用于解码卫星信号的行为提起刑事或民事诉讼）；法律救济与安全港（免除互联网服务提供商对版权侵权内容采取行动的义务）
环境	冻结对野生动物非法获取和非法贸易问题中有关“管辖权法适用”的描述
透明与反腐败	冻结药品和医疗器械的透明度和程序公平性附件中有关程序公正的条款

资料来源：张宇：“CPTPP的成效、前景与中国的对策”，《国际贸易》2020年第5期，第53页。

第三，对国有企业改革和马来西亚、越南的劳动标准条款进行了修改。[①] CPTPP虽然冻结了知识产权等条款，但仍保留了TPP在国企、环境、劳工方面的高标准，其中有关数据流通、国企条款均是首次写入国

① Jeffrey J. Schott, “TPP Redux: Why the United States Is the Biggest Loser,” https://piie.com/blogs/trade-investment-policy-watch/tpp-redux-why-united-states-biggest-loser.（上网时间：2018年3月5日）

际贸易协议。在美国的缺席下，CPTPP 主要表现为涉及市场份额的下降及内容的缩减。

表格 5—2 TPP 和 CPTPP 在世界经济中占比比较（单位:%）

	GDP	贸易额	人口
TPP	37.5	25.7	11.3
CPTPP	12.9	14.9	6.9

资料来源：根据 IMF 和智利外交部数据整理。

CPTPP 是一个综合性的自由贸易协定，主要内容包括货物贸易、原产地规则、贸易救济措施、卫生和植物卫生措施、技术性贸易壁垒、服务贸易、知识产权、政府采购和竞争政策等。CPTPP 的 11 个成员国来自四大洲，包括 4 个发达国家、7 个发展中国家。根据世界银行数据，2019 年，CPTPP 覆盖 5.08 亿人口，占全球人口的 6.62%；GDP 为 11.21 万亿美元，占全球经济总量 12.77%；贸易总额约为 7.3 万亿美元，占全球贸易总额的 14.8%。① TPP 的高标准在美国退出后缩水下调。从 2018 年 2 月 21 日公布的 CPTPP 最终版本协议框架中可以发现，只能降低知识产权等高标准代表性的条款标准才能促使部长级框架协议最终达成，但 CPTPP 仍被认为是当今世界上最高标准的自由贸易协定，符合时代发展趋势及各方利益需求。

二、CPTPP 的发展前景

缩水版的 TPP 采用 CPTPP 的形式，成为以日本为主导的亚太自由贸易区多边经济合作模式。美国退出 TPP 之后，CPTPP 虽然缺乏一个有足够影响力的超级大国主导，但其扩容前景依旧乐观。泰国、印度尼西亚、韩国、英国、哥伦比亚等国家都表示有意加入 CPTPP，其发展规

① 余淼杰、蒋海威：“从 RCEP 到 CPTPP：差异、挑战及对策”，《国际经济评论》2021 年第 2 期，第 131 页。

模有望继续扩大。

CPTPP 协议生效刚满两年，在全球经济治理呈碎片化趋势、逆全球化思潮涌动的背景下，是多边经济合作释放的积极信号，也代表未来区域经济合作新趋势。但 CPTPP 发展存在一些不确定性和挑战，主要体现在：一是大国参与数量不足，能否拉动这辆新马车存在挑战。日本是当今世界的第三大经济体，在 CPTPP 中发挥着主导作用，既希望高标准的 CPTPP 协议能够成为目前多个自由贸易协定的典范，又有意抢占先机，在未来经贸规则制定中占据主动，掌握亚太地区的主导权和话语权。就多边协定而言，一个足以超越各方力量的国家充当引领角色，可以有效协调各成员之间的目标分歧，平衡各方利益，促进协议得到具体落实。美国加入是 TPP 迅速发展的关键因素，随着美国的退出，CPTPP 协议中出现了明显的大国缺席状况。日本的领导地位缺乏足够的权威，其经济本身固有的内向开放度不足问题也导致其他国家的商品和资本进入日本市场难度极大，这也将影响日本在 CPTPP 中的主导地位。二是成员国分化明显，经济实力差距较大。CPTPP 成员包括日本、加拿大等发达经济体，也包括墨西哥、马来西亚等一些中等发展程度的经济体，同时也包括文莱等经济体量极小、发展程度不高的经济体。成员国之间经济发展水平极不均衡，CPTPP 的政策效果在成员国之间可能会大打折扣。此外，美国重启北美自由贸易协定谈判，东盟与中国和韩国之间的密切经贸往来，RCEP 的发展势头强劲，也会成为 CPTPP 成员国分化的外因。三是全球贸易保护主义盛行，全球经济一体化面临挑战，也将考验 CPTPP 抵御风险的能力。美国退出 TPP 是“美国优先”压倒多边主义的结果，成员国国内经济利益将决定 CPTPP 的发展走向。

CPTPP 对贸易自由化、经济全球化、区域经济一体化的高度追求，对全球贸易规则影响重大。一方面，成员国将遵守高标准的相关规则，有关数据流通、国企的条款都是首次写入国际贸易协议。但如果仅在自贸区范围内实施将限制成员国的竞争力，因此只有将高标准的贸易规则拓展至自贸区以外使之适用于非成员国，才能使成员国竞争力通过相对优势获得更多的利润。另一方面，随着美国放弃贸易自由化拥护者的传统角色，日本承担了 CPTPP 谈判中领导者的角色，改变了日本在多边贸易体系中被动的规则遵循者的形象。CPTPP 将掌握新贸易规则的制定权，这将对区域发展中经济体带来挑战。

第二节　美国重返 TPP 的可能性

日本主导 TPP 转型为 CPTPP 的重要原因是希望美国重返谈判。新的框架协议基本保留了 TPP 的雏形，协议中有关环保、劳工、数据流通、国企问题的条款，维护了发达国家的利益，某种程度上也是吸引美国再次回归的努力。2018 年达沃斯论坛上，特朗普对重返 TPP 持开放态度。特朗普在演讲中重申："美国做好了谈判的准备，相互有利的双边贸易协议和各国都愿意谈。其中也会包括那些现有泛太平洋协定（TPP）之中的国家。他们很重要，我们和他们其中几个国家已经有了协议，我们会考虑和其他国家也达成这样的协议，可以是单个谈，也可以是作为集团来谈，只要符合大家各自利益就行。"①

一、影响美国重返 TPP 的主要因素

首先，美国亚太战略调整情况。亚太地区是世界经济最具活力的地区，中国是亚太经济增长的主要引擎。奥巴马政府宣布美国加入并主导 TPP，很大程度上是为了推行"亚太再平衡"战略，其政治上有对中国施压的动机。特朗普政府公布的首份美国《国家安全战略报告》就十分主观地将中国臆想为"战略竞争对手"。与 WTO 在规则实践中将发达国家与发展中国家区别对待不同，CPTPP 的规则制定更为贴合国际化和市场化的发展规律，也更有利于发达国家而非发展中国家。美国在与中国贸易谈判中不排除利用加入 CPTPP 作为有力武器，以实现美国贸

① "特朗普达沃斯特别讲话发言实录（全文）"，http：//finance.ifeng.com/a/20180126/15951160_0.shtml。（上网时间：2017 年 12 月 20 日）

易目标。

其次，美国参与的成本收益比。美国退出TPP的主要国内因素是美国参与TPP的经济成本过高，与收益率成反比。特朗普任期内坚持“美国优先”的利益分配原则，并坚持“公平贸易”立场。特朗普在2018年达沃斯论坛演讲中强调：“我们支持自由贸易，但必须是公平互惠的。”如果仅有美国单方面提供市场，进而损害了本国的就业率及特朗普的支持率，那么美国难以在重返TPP上让步。出于商人本性，他以“协商相互有利的贸易条件”作为重返TPP的前提。

再次，CPTPP未来的发展情况。美国退出TPP之后，日本扛起大旗继续推进，2018年3月8日CPTPP 11个成员国代表正式签署。据《日本经济新闻》分析，以美国对日贸易角度来看，目前美国出口日本的牛肉需征收38.5%的关税，TPP生效后，成员国的冷冻牛肉关税最多降至9%，美国退出TPP将使美国的出口产业在亚太市场处于不利地位。从长期来看，自由贸易和全球化仍是世界经济发展的主流，如果未来CPTPP发展规模不断壮大，合作程度不断加深，合作机制不断提高，美国作为世界头号经济大国不会拒绝与CPTPP开展合作，甚至重新加入。

最后，美国国会的态度。美国退出TPP的一个重要原因是国会的反对意见占主流。当年美国国会没有批准TPP的主要原因是TPP的部分条款无法达成一致，包括关于生物制品专利保护的争议、关于投资者与国家之间的争端解决程序的追索权争议、关于劳工保护和环境保护条款的质疑等，同时两党总统候选人都对TPP持反对意见，因此特朗普就任即宣布美国退出TPP。目前CPTPP谈判内容基本保留了TPP的绝大部分内容，与美国国会利益集团的矛盾冲突依旧存在。换言之，美国国会的态度转变需要CPTPP与先前的TPP相比更加符合美国的经济利益，有利于美国国内经济增长。但目前而言，CPTPP成员国国内利益团体的态度及立法机构的考量是CPTPP能否实施的关键因素，同时国际形势的变化也将左右CPTPP的发展趋势。美国国会也将随着利益集团和政党政治等因素的发展而不断调整，只有符合国会主流利益才能获取通过和支持。

二、特朗普任期内美国并未重返 TPP

特朗普政府任内 4 年，对美国经济政策调整力度较大，有些领域甚至是发生了颠覆性的变化。特朗普任期内以“美国优先”为出发点坚持贸易保护主义和单边主义政策，公开抨击主要国际经济组织的机制，反对多边主义，希望通过双边谈判争取最有利于美国的结果，给全球经济治理造成了负面的制度冲击。特朗普上台即宣布退出 TPP，意味着美国工业资本和蓝领阶层一定程度上的胜利。虽然特朗普在一些场合表达过美国可能重返 TPP 的言论，但实际行动却未有重返的迹象。

特朗普反对 TPP 的立场从未动摇。特朗普政府经济政策有着浓厚的“反建制”特征，加上国内政治极化和政党对抗的白热化，难以在一个任期内进行经济政策的根本性调整。特朗普在达沃斯世界经济论坛会议间隙接受 CNBC 采访时表示，“如果我们能敲定一个比之前好得多的协议，我会加入 TPP。”① 尽管特朗普数次释放出有可能重返 TPP 的表态，但象征意义远远大于实际行动，其对 TPP 的认知难以改变。特朗普认为，原先的 TPP 并非是一个对美国完全有益的协定，只有对 TPP 做出有利于美国的改变之后，美国才可能重新考虑加入 TPP。美国贸易代表办公室（USTR）发布的《2018 年贸易政策议程和 2017 年度报告》指出，2018 年特朗普政府将寻求和 CPTPP 成员国加强双边经贸关系，致力于和尚未签署自由贸易协定的五个 CPTPP 成员国谈判双边自贸协定。由此可见，从美国方面来讲，特朗普重返 TPP 还仅停留在说辞的阶段。

尽管美国退出 TPP 在一定程度上损害了部分利益集团，例如损害了美国农业和农场主集团的利益，但特朗普也为这些群体提供了相应的补偿。特朗普政府通过双边谈判，与日本、韩国等国家达成协议，使其放宽对大豆、牛肉、玉米等美国农产品进口限制，因此这部分群体没有足

---

① ［美］肖恩·唐南、［美］迪米：“特朗普：未来美国可能重返 TPP”，http：//www.ftchinese.com/story/001076096。（上网时间：2017 年 12 月 20 日）

够的驱动力去推动美国重返 TPP。

此外，日本牵头的 CPTPP 冻结了 TPP 中部分符合美国利益的条款。美国如果加入 CPTPP 必然要激活这些条款，同时还可能提出更高要价，尤其是美国占据优势地位的产品，将要求其他成员开放市场力度更大以提高美国出口，这也导致在特朗普任期内加入 CPTPP 难上加难。此外，TPP 的核心原则是降低贸易非关税和关税壁垒，如果 CPTPP 核心原则更改，即使美国加入 CPTPP，也不能视为重返 TPP。减少美国贸易逆差是特朗普政府的首要目标，美国与 TPP 成员国重新进行谈判的可能性不大。

三、美国短期内重返 TPP 的可能性较小

无论美国退出 TPP 还是重返 TPP，美国政府对外政策走向的决定权并非由总统本人全权掌握，而是由美国国内的多重因素决定。因此美国是否重返 TPP 的关键是要理清美国国内是否有足够的政治力量支持 TPP，TPP 是否符合美国经济发展方向。

2021 年 1 月 7 日，美国国会联席会议确认民主党候选人拜登当选总统，1 月 20 日，拜登宣誓就任美国第 46 任总统。拜登和特朗普在个人风格、执政理念、选民群体等各方面均有明显差异。拜登以“恢复国家灵魂”为竞选主题，在总统大选中其贸易政策和外交政策与特朗普所持观点大为不同。贸易政策方面，拜登支持多边自由贸易，反对征税，关注“不正当竞争”问题。拜登认为，相比单边主义，美国可以从已有的多边贸易机制受益更多；致力于重塑美国在多边关系中的领导力，并利用贸易规则制定者的身份来对被认为是对美国有威胁的敌人施压。外交政策方面，拜登政府表示会保持一个更加理性开放的外交态度，遵循一般的外交决策和国家互动的基本原则，将重新加入特朗普退出的国际组织，修复与盟友之间的关系，可能重新考虑与 TPP 成员国的关系。2021 年 3 月，拜登政府发布《临时国家安全战略指引》，提出重振美国全球盟友和伙伴体系，领导和维护稳定开放的国际体系，强调将美国民

众特别是工薪家庭置于国家安全战略核心，实施服务于全体美国人的国际经济贸易政策；将美俄《新削减战略武器条约》延期5年，对俄实施新制裁。拜登先后出席七国集团线上峰会和美日印澳线上峰会；宣布重返气候变化《巴黎协定》、停止退出世界卫生组织、以观察员身份重返联合国人权理事会，向“新冠肺炎疫苗实施计划”拨款40亿美元。

首先，拜登属于建制派，在国际秩序观上信奉通过参与进行领导的理念，将对特朗普政府的逆全球化政策进行适度修正。维护以美国为主导的国际秩序是美国历届政府的共识，只是在维护手段上有所区别。商人背景的特朗普更多的是从经济角度计算美国卷入海外的成本，当出现美国支出与所享受的权利不对等时，就要重新要价，或者干脆“退群”。与历届政府相比，特朗普的“退群”行为更为激进，影响了美国的国际影响力，在国内甚至受到强硬派的反对。拜登曾担任参议院外交关系委员会主席，长期将自己定位为北约、自由贸易和积极发挥美国全球领导作用的支持者。奥巴马任内拜登担任副总统期间，从外交和联盟，到贸易和全球经济，再到国防和军事力量运用，在塑造美国外交政策中发挥了举足轻重的作用。拜登政府主张“参与和领导”，即联合其他西方国家掌握各领域国际规则的制定权和解释权，使国际规则更直接的反映美国的国家利益和价值观。拜登竞选团队骨干成员的构成中，很多核心成员都有在奥巴马政府各部门的从政经验。拜登政府任命布林肯为美国国务卿，此人曾担任奥巴马政府副国务卿，发表过《美国在东亚和太平洋地区的经济政策》的演讲，对奥巴马政府的“亚太再平衡”战略进行了详尽阐释。

其次，拜登将以美国利益为导向展开国际合作。美国历届政府的对外政策基本都延续了以美国利益为导向的原则，但在国际合作的程度上有所区别。特朗普政府强调“美国优先”，在国际合作上留给对方的谈判余地较少。拜登政府具有更强的国际意识，相信全球性挑战对美国构成威胁，任何超级大国也无法独自应对。因此，拜登就职首日即签署行政命令重返世界卫生组织和重新加入《巴黎协定》。特朗普执政4年带来的变化并不会迅速逆转，拜登政府也将继续以美国利益为导向开展国际合作。在经贸关系上，拜登政府更为强调自由与公平的平衡和兼顾，大力推进国际组织的改革及某些地区经贸与规则安排的快速落地。但出于国内政治和国际战略考虑，在美国此前坚持的“高标准”条款上并不会做出过多让步。

再次，寻求加深与盟友的关系。特朗普执政以来，多次在公开场合攻击美国盟友和国际准则。维持良好的盟友关系对美国在全球范围内推广价值观，维护美国利益具有重要作用。拜登竞选时曾承诺，外交方面的首要工作就是尽快修复与各盟友之间的关系，恢复美国在国际间的领导作用。拜登政府外交政策上试图回归传统，突出同盟体系和价值观在美国外交中的核心地位，将加强与盟友的关系，既要保持美国的核心地位，又要发展平等的伙伴关系实现共同利益。在亚太地区，拜登将寻求加强与韩国、日本和澳大利亚等盟友和伙伴的接触，与印度和印度尼西亚等国建立更加密切的关系。

最后，适度修正经贸政策。美国总统竞选期间，尽管拜登和特朗普在绝大部分问题上存在意见分歧，但贸易领域却是双方难得的共识区。拜登的竞选立场表明，新政府不可能大规模逆转特朗普政府的贸易保护主义，贸易协议也不可能超越国内政治事务而放在执政首位。在经贸议题上，拜登政府将会延续强化国家竞争力的逻辑，适度修正前任政府的对外经贸政策，而在一定程度上回归亚太地区经贸领域的多边机制，但前提是维持美国的主导地位。奥巴马任内，拜登曾是 TPP 的积极推动者。随着特朗普宣布美国退出 TPP，美国的贸易政策出现转向。2020 年新冠肺炎疫情席卷全球，全球经济持续低迷，美国疫情尚未得到有效缓解，如何促使经济复苏是拜登政府的当务之急。拜登执政百日经济层面最大亮点是其 1.9 万亿美元经济救助计划在国会通过，法案为大部分美国家庭派发直接纾困金、延长额外失业救济金领取时间、为州和地方政府提供援助等，近期美国经济复苏形势有望改善。虽然拜登支持推动自由贸易，但仍将把重点放在保护国内制造业和就业政策上，对待 TPP 的态度也将更保守。

美国是否重返 TPP 是新政府贸易政策备受关注的焦点之一。从短期来看，美国尚未对重返 TPP 做好准备。美国国内对 TPP 的争议并没有缓解，拜登在竞选期间曾表示，如果 TPP 保持原样，美国不会加入，需要重新进行谈判。奥巴马任内和特朗普任内的对外政策有着较大的变化，特朗普执政带来的明显变化是美国“内顾”趋势明显，拜登就任后最可能的做法是恢复一些前者，延续一些后者，在两者间维持一种相对稳定的平衡。拜登公布了“四大首要议题”，其政府上台将主要聚焦于疫情防控、经济复苏、种族平衡以及气候变化等议题，领导人必须优先解决国内诉求，甚至集中回应国内某些特定群体的利益诉求，这一趋势在短期内不会改变。

从中长期来看，如果 CPTPP 进展顺利并能给美国带来切实好处，美国存在重新加入的可能。现阶段，CPTPP 成员国虽然在一定程度上为了促进协议的达成而暂停了 TPP 的部分条款，但仍以高标准为特征，是未来贸易协定的先行者。CPTPP 也是基于美国现有的贸易标准而落实的实践，与中国的对外倡议包含的内容截然不同。如果 CPTPP 存在为美国经济带来更大经济回报的可能性，那么美国将为重新加入开绿灯，同时将鼓励更多亚太经济体参与其中。亚太地区是美国的核心战略利益所在，美国将会继续维护亚太经济主导权。亚太经济一体化仍是大势所趋，CPTPP 不失为美国掌控亚太经济主导权的优先选择，美国加入 CPTPP 是存在可能的。

CONCLUSION

结 论

当今世界正经历百年之未有之大变局，全球治理体系面临深刻重塑，国际格局加速演变。国际金融危机发生后，全球贸易增长速度明显放缓，经济全球化进入低潮期。美国对 TPP 的认知及政策选择是一个复杂的研究领域，因为观念和行为之间的关系虽然一直在不断探讨但又很难完全证实。美国对 TPP 的认知是一个主观性变化的过程，从奥巴马到特朗普，美国从加入主导 TPP 到宣布退出，整个过程既高潮迭起，又波折不断。究其原因，两届总统的外交理念不同，决策风格和选取决策团队的观点不同，面临的国际环境不同，来自国内的政治、经济压力不同，因此必须分析影响美国对 TPP 认知变化的因素，才能对整个认知变化的过程加以解释。

21 世纪以来，中美关系成为当今世界上最重要的双边关系之一，并形成竞争与合作并存的基本架构。2010 年，中国 GDP 超过日本正式成为世界第二大经济体。中美实力差距缩小是美国对华防范升级的主要原因，而 TPP 作为“亚太再平衡”战略的经济支点，美国参与并主导其中的一个重要因素即为应对中国崛起。中国崛起仍存在许多未定因素，虽然中国无意挑战美国霸权，但美国的战略思维认为实力是国家安全和利益最可靠的保障，也是美国受到威胁的根本来源。亚太地区是中美两国利益交织最集中的地区，TPP 将中国排除在外，进一步彰显了美国在亚太地区视中国为主要竞争对手，对非成员国形成贸易壁垒、政治压力，以遏制中国等新兴经济体的崛起。美国的“伟大”是建立在相对于中国实力优势非常明显的基础之上，美国优势的实力地位是一定时期内中美关系相对稳定的重要原因。特朗普提出“让美国再次伟大”，说明美国对中美实力差距的缩小倍感威胁。奥巴马和特朗普对外经济政策的共性之一即是防范、遏制中国崛起，这也将成为中美竞争的持续性因素。

奥巴马宣布参与 TPP 谈判得到美国国内工商界多数利益集团的支持，美国借助确立本国竞争力的一系列贸易规则，增加美国出口竞争优势，振兴经济，提升就业。因此，在美国参与 TPP 的谈判过程中，美国关注贸易规则体系的强化，不仅涉及农业、工业和知识产权等传统贸易议题，而且将金融服务业、投资、电信等也列入 TPP 谈判重要议题，并且涉及不少传统 FTA 没有关注的横向或跨领域议题，如监管一致性、竞争、发展、中小企业等。TPP 的经济效应需要相当长的时间才能完全兑现，而其中的部分内容使美国中下层劳动者利益受损。美国当前经济空心化严重，产业转移到境外，使国内的制造业持续下滑。美国退出 TPP 后，特朗普政府对外经济政策转向，以“美国优先”为指导思想，采取逆全球化的贸易保护主义措施和美国单边利益至上的行动。特朗普提出“美国优先”，使制造业重返国内，增加就业机会，得到摇摆州选民的大力支持。特朗普政府对外经济政策的出发点是重振国内经济，为增加出口吸引外资而实施贸易保护主义，反对自由贸易。特朗普的经济转向是美国经济需求的部分反映，未来美国对外经济政策仍会以美国自身的经济状况而做出相应调整。

奥巴马和特朗普分别来自两个政党，执政理念不同。奥巴马重视民主党的政治理念，但问题意识凸显，将自由主义隐藏于现实主义的问题意识之中。奥巴马对外政策更强调国家安全，外来威胁源自于物质层面，强调通过国际合作解决这些世界性问题。美国推行 TPP 的目的是引领和确定的新标准、新规则为新一轮全球贸易谈判提供指导性框架，以此巩固美国在亚太地区产业链和贸易分工体系中的优势地位，并力推 TPP 在全球规则制定方面发挥领导作用奠定基础，最终实现重建国际经济新秩序的核心目标。特朗普强调“美国优先”，提出“让美国再次伟大”，要将重心放在国内，减少美国承担的国际义务和责任。在多边贸易机制上，特朗普一上任就宣布美国退出 TPP，不仅是对奥巴马的否定，也是对其有原则的现实主义外交理念的贯彻执行。特朗普反对全球自由贸易，以国内投资和净出口的增加为实现经济增长的核心，旨在解决美国当前面临的制造业萎缩和贸易逆差居高不下等问题。

TPP 作为美国对外经济政策，最终能否生效与其国内政治因素息息相关，而国内政治因素受美国国内政治极化现象影响也更为复杂。奥巴马政府面对金融危机和反恐战争引发的经济社会问题，对外通过发展 TPP 依靠制度性霸权锁定亚太地区经济领导权。但 TPP 的通过需要必要的财政投入及国会立法授权，难以避免涉及利益再分配而在国内引起既得利益者的强烈反对。同时，政党政治强化了美国政治制度的“否决政体”色彩，加剧了扩大共识的困难。因民主党得到工会支持，为保持美国优先地位、排斥竞争对手而主导的 TPP 遭到本党势力的广泛反对，即使 2015 年 TPP 获得贸易促进授权，但在国会仍因协议内容而存在分歧，加之两党总统候选人都表示反对 TPP，奥巴马政府不得不放弃任内将 TPP 提交国会通过。特朗普就任后，奉行“逢奥必反”，将美国国家利益和美国经济利益挂钩，锁定国内支持群体，由此塑造一个强有力的领导人形象。特朗普政府首要措施即宣布退出 TPP 以维护基础选民，兑现竞选承诺。因此，美国国内政治因素决定了美国退出 TPP 的最终命运。美国仍是当今世界唯一的超级大国，美国退出 TPP 并不代表其放弃亚太经济领导权，只是侧重点由多边转向双边，由规则施压转向实力施压。随着美国经济利益需求、安全战略目标、国内政治情况的变化，未来美国仍存在重返 TPP 的可能。因此，中国在推动“一带一路”倡议的同时，应积极促进国内产业转型升级，在亚太地区倡导多边合作，增强战略互信，积极推动人类命运共同体，共同抵御外来风险和挑战。

参考文献

（一）中文著作

蔡亮：《日本 TPP 战略研究》，时事出版社 2016 年版。

蔡拓：《全球学的构建与全球治理》，中国政法大学出版社 2013 年版。

陈峰君：《冷战后亚太国际关系》，新华出版社 1999 年版。

陈效卫：《美国联盟战略研究》，国防大学出版社 2002 年版。

陈伟光：《“一带一路”建设与提升中国全球经济治理话语权》，人民出版社 2017 年版。

陈积敏、高悍惟：《“一带一路”机遇与挑战》，国家行政学院出版社 2016 年版。

楚树龙：《冷战后中美关系的走向》，中国社会科学出版社 2001 年版。

对外经济贸易大学国际经济研究院课题组：《中国自贸区战略——周边是首要》，对外经济贸易出版社 2010 年版。

樊勇明：《西方国际政治经济学》，上海人民出版社 2006 年版。

冯维江、徐秀军：《一带一路：迈向治理现代化的大战略》，机械工业出版社 2016 年版。

国务院新闻办公室：《中国的和平发展》，人民出版社 2011 年版。

国家信息中心“一带一路”大数据中心：《“一带一路”大数据报告（2016）》，商务印书馆 2016 年版。

葛剑雄：《改变世界经济地理的“一带一路”》，上海交通大学出版社 2015 年版。

顾学明、李光辉：《TPP 百问》，中国商务出版社 2016 年版。

黄仁伟：《国际制度》，上海人民出版社 2006 年版。

黄茂兴等：《TPP 的中国策》，北京大学出版社 2016 年版。

黄洁：《TPP 视野下的中国自由贸易区战略研究》，上海人民出版社 2016 年版。

黄平、倪峰：《美国问题研究报告（2013）：构建中美新型大国关系》，社会科学文献出版社 2013 年版。

李道揆：《美国政府和美国政治》，中国社会科学出版社 1990 年版。

李向阳：《亚太蓝皮书：亚太地区发展报告（2016）》，社会科学文献出版社 2016 年版。

李向阳：《亚太蓝皮书：亚太地区发展报告（2017）》，社会科学文献出版社 2017 年版。

厉以宁、林毅夫、郑永年：《读懂一带一路》，中信出版社 2015 年版。

李强：《自由主义》，东方出版社 2017 年版。

李巍：《制度之战：战略竞争时代的中美关系》，社会科学文献出版社 2016 年版。

刘中伟、沈家文、宋颖慧：《跨太平洋伙伴关系协议——中国与亚太区域合作的新机遇》，经济管理出版社 2014 年版。

刘世锦：《中国经济增长十年展望（2013 - 2022）》，中信出版社 2013 年版。

刘从德：《地缘政治学导论》，中国人民大学出版社 2010 年版。

刘卫东、田锦尘、欧晓理：《“一带一路”战略研究》，商务印书馆 2017 年版。

倪世雄：《当代西方国际关系理论》，复旦大学出版社 2001 年版。

倪峰：《国会与冷战后的美国安全政策》，中国社会科学出版社 2004 年版。

秦玉才、周谷平、罗卫东:《"一带一路"读本》,浙江大学出版社2015年版。

秦亚青:《世界政治与全球治理》,世界知识出版社2014年版。

孙玉红:《多国博弈视角下TPP谈判引发的政策互动和中国的战略选择》,对外经济贸易大学出版社2014年版。

唐国强:《跨太平洋伙伴关系协定与亚太区域经济一体化研究》,世界知识出版社2013年版。

推进一带一路建设工作领导小组办公室:《共建"一带一路":理念、实践与中国的贡献》,外文出版社2017年版。

万璐、程宝栋、李俊:《美国TPP战略的经济效应及我国亚太地区FTA策略研究》,人民日报出版社2017年版。

王立新:《意识形态与美国外交政策》,北京大学出版社2007年版。

王灵桂:《国外智库看TPP》,社会科学文献出版社2015年版。

王灵桂:《国外智库看TPPⅡ》,社会科学文献出版社2015年版。

王灵桂:《国外智库看TPPⅢ》,社会科学文献出版社2016年版。

王灵桂:《TPP为什么陨落》,社会科学文献出版社2017年版。

王辉:《冷战后美国对"中国崛起"的认知与对华战略》,社会科学文献出版社2017年版。

王帆:《美国的亚太联盟》,世界知识出版社2007年版。

吴涧生、曲凤杰:《跨太平洋伙伴关系协定趋势、影响及战略对策研究》,中国计划出版社2014年版。

王缉思、倪峰、余万里:《美国在东亚的作用——观点、政策及影响》,时事出版社2008年版。

习近平:《习近平谈治国理政》(第一卷),外文出版社2014年版。

习近平:《习近平谈治国理政》(第二卷),外文出版社2017年版。

熊志勇:《中美关系60年》,人民出版社2009年版。

尹继武、刘训练主编:《政治心理学》,高等教育出版社2011年版。

袁鹏:《四百年未有之变局:中国、美国与世界新秩序》,中信出版集团2016年版。

余楠：《国家法与国际关系视野下跨太平洋伙伴关系协定知识产权谈判》，法律出版社 2016 年版。

张晗：《跨太平洋伙伴关系协定（TPP）与中国：贸易与投资》，对外经济贸易大学出版社 2016 年版。

张蕴岭、袁正清：《“一带一路”与中国发展战略》，社会科学文献出版社 2017 年版。

赵晋平：《跨太平洋伙伴关系协定：经济影响与对策》，中国财经经济出版社 2013 年版。

周琪主编：《美国外交决策过程》，中国社会科学出版社 2011 年版。

中国社会科学院世界经济与政治研究所国际贸易研究室：《跨太平洋伙伴关系协定解读》，中国社会科学出版社 2016 年版。

（二）中文译著

［美］阿伦·弗里德伯格著，洪曼等译：《中美亚洲大博弈》，新华出版社 2012 年版。

［美］阿拉斯泰尔伊·恩·约翰斯顿、罗伯特·罗斯主编，袁征等译：《与中国接触：应对一个崛起的大国》，新华出版社 2001 年版。

［美］保罗·肯尼迪著，蒋葆英等译：《大国的兴衰》，中国经济出版社 1988 年版。

［美］C. 弗雷德·伯格斯滕、加里·克莱德·赫夫鲍尔著，丁振辉、张慧敏译：《再平衡：新大国时代，中美自由贸易何去何从》，机械工业出版社 2016 年版。

［美］查尔斯·库普乾著，潘忠歧译：《美国时代的终结：美国外交政策与 21 世纪的地缘政治》，上海人民出版社 2004 年版。

［美］大卫·哈勒、利里克·休斯·哈勒著，周子平译：《世界经济大趋势》，石油工业出版社 2013 年版。

［奥］多丽丝·奈斯比特、［美］约翰·奈斯比特、［美］龙安志著，张岩译：《世界新趋势：“一带一路”重塑全球化新格局》，中华工商联合出版社 2017 年版。

［英］厄内斯特·盖尔纳著，韩红译：《民族与民族主义》，中央编译出版社 2002 年版。

［美］傅立民著，王柏松、王在亮译：《有趣的时代：美国应如何处理中美关系》，社会科学文献出版社 2018 年版。

［美］傅高义主编，田斌译：《与中国共处：21 世纪的美中关系》，新华出版社 1998 年版。

［美］亨利·基辛格著，胡利平、凌建平译：《美国的全球战略（全译修订版）》，海南出版社 2012 年版。

［美］亨利·基辛格著，胡利平等译：《论中国》，中信出版社 2012 年版。

［美］亨利·基辛格著，顾淑馨、林添贵译：《大外交》，海南人民出版社 1998 年版。

［美］汉斯·摩根索著，徐昕、郝望、李保平译：《国家间政治——寻求权力与和平的斗争》，中国人民公安大学出版社 1990 年版。

［美］杰里尔·A. 罗赛蒂著，周启鹏、傅耀祖等译：《美国对外政策的政治学》，世界知识出版社 1997 年版。

［美］加里·J. 斯密特主编，韩凝、黄娟、代兵译：《中国的崛起：美国未来的竞争与挑战》，新华出版社 2016 年版。

［英］克里斯托弗·科克尔著，卿松竹译：《大国冲突的逻辑：中美之间如何避免战争》，新华出版社 2015 年版。

［美］理查德·哈斯著，陈遥遥、容凌译：《“规制主义”——冷战后的美国全球新战略》，新华出版社 2001 年版。

［美］理查德·罗斯克兰斯、顾国良主编，中美交流基金会译：《力量与克制：中美关系的共同愿景》，社会科学文献出版社 2008 年版。

［美］罗伯特·D. 卡普兰著，涵朴译：《即将到来的地缘战争：无法回避的大国冲突及对地理宿命的抗争》，广东人民出版社 2013 年版。

［美］罗伯特·吉尔平著，宋新宁、杜建平译：《世界政治中的战争与变革》，上海人民出版社 2007 年版。

［美］罗伯特·杰维斯著，秦亚青译：《估计政治中的知觉与错误

知觉》，世界知识出版社 2003 年版。

［美］陆伯彬、［挪］奥斯汀·腾斯强、张沱生主编：《中美欧关系：构建新的世界秩序》，世界知识出版社 2012 年版。

［美］塞缪尔·亨廷顿著，周琪等译：《文明的冲突与世界秩序的重建》，新华出版社 2010 年版。

［美］沈大伟主编，丁超、黄富慧、洪漫译：《纠缠的大国：中美关系的未来》，新华出版社 2015 年版。

［日］山泽逸平著，范建亭译：《亚洲太平洋经济论：21 世纪 APEC 行动计划建议》，上海人民出版社 2001 年版。

［美］托马斯·帕特森著，李庆余译：《美国外交政策》，中国社会科学出版社 1989 年版。

［美］约翰·米尔斯海默著，王义桅、唐小松译：《大国政治的悲剧》，上海人民出版社 2008 年版。

［美］约翰·伊肯伯里著，韩召颖译：《美国无敌：均势的未来》，北京大学出版社 2005 年版。

［美］约翰·米勒·怀特著，戴敏、邢爱芬译：《奥巴马执政后的中美关系应对共同挑战》，中共中央党校出版社 2009 年版。

［美］约瑟夫·奈著，郑志国等译：《美国霸权的困惑：为什么美国不能独断专行》，世界知识出版社 2002 年版。

［美］亚历山大·温特著，秦亚青译：《国际政治的社会理论》，上海人民出版社 2008 年版。

［美］兹比格纽·布热津斯基、布兰特·斯考克罗夫特著，姚芸竹译：《大博弈：全球政治觉醒对美国的挑战》，新华出版社 2009 年版。

［美］战略与国际研究中心、彼得森国际经济研究所著，隆国强等译：《账簿中国：美国智库透视中国崛起》，中国发展出版社 2008 年版。

［美］战略与国际研究中心著，曹洪洋译：《美国智库眼中的中国崛起》，中国发展出版社 2011 年版。

［新加坡］张云著：《国际政治中“弱者”的逻辑——东盟与亚太地区大国关系》，社会科学文献出版社 2010 年版。

（三）中文期刊、论文

陈积敏、冯振男："美国印太战略的演进逻辑与中国应对"，《和平与发展》2020 年第 6 期。

陈淑梅、高敬云："后 TPP 时代全球价值链的重构与区域一体化的深化"，《世界经济与政治》2017 年第 4 期。

崔向程："WTO 面临的难题及改革对策"，《国际经济与贸易》2020 年第 7 期。

达巍、王鑫："从亚太到印太：美国外交战略的延续与变异"，《当代世界》2020 年第 9 期。

戴仁荣："跨太平洋伙伴关系协定与中国'走出去'战略"，《中国流通经济》2014 年第 4 期。

东艳、冯维江、邱薇："深度一体化：中国自由贸易区战略的新趋势"，《当代亚太》2009 年第 4 期。

樊勇、沈陈："TPP 与新一轮全球贸易规则制定"，《国际关系研究》2013 年第 5 期。

高程："从规则视角看美国重构国际秩序的战略调整"，《世界经济与政治》2013 年第 12 期。

高程："一带一路与中国经济外交转型"，《国际观察》2015 年第 4 期。

何伟文："中美经贸关系短期难以实现根本好转"，《国际经济合作》2021 年第 2 期。

霍建国："美国主导 TPP 的影响及我国的应对措施"，《学习时报》2015 年 11 月 23 日。

杰弗里·肖特，王宇译："拜登政府准备重返亚太吗?"，《金融发展研究》2021 年第 2 期。

金良祥："从平衡到整合：拜登政府兼顾亚太和中东的战略展望"，《西亚非洲》2021 年第 2 期。

蒋镇远、宾建成："美国退出 TPP 对中国经济的影响分析"，《特区经济》2017 年第 3 期。

李向阳：“跨太平洋伙伴关系协定与‘一带一路’之比较”，《世界经济与政治》2016 年第 9 期。

李向阳：“跨太平洋伙伴关系协定：中国崛起过程中的重大挑战”，《国际经济评论》2012 年第 2 期。

李向阳：“特朗普经济政策评估”，《国际经济评论》2017 年第 4 期。

李少丹：“国际政治中的认知转变——以美国对中国的‘认知转变’为例”，《国际政治科学》2013 年第 3 期

李晓、李俊久：“‘一带一路’与中国地缘政治经济战略的重构”，《世界经济与政治》2015 年第 10 期。

李巍、张玉环：“奥巴马政府国际贸易战略走向与中国的应对”，《国际关系研究》2014 年第 2 期。

李杨、孙俊成：“特朗普政府的贸易保护主义政策——基于政党政治的研究视角”，《美国研究》2019 年第 3 期。

凌菲霞：“特朗普主义及其对美国价值观的影响”，《国外理论动态》2017 年第 6 期。

刘璐：“美国对华贸易政策中的特朗普个人认知因素”，《国外社会科学前言》2019 年第 11 期。

刘军、马晴：“美国主流智库对‘一带一路’倡议的认知探析——基于布鲁金斯学会、卡内基基金会级美国进步中心的研究”，《国外社会科学》2017 年第 3 期。

刘昌黎：“泛太平洋战略经济伙伴关系协定发展与困境”，《国际贸易》2011 年第 1 期。

刘雅梅：“美国对外经济政策变化及其溢出效应”，《经济研究导刊》2020 年第 15 期。

刘卿：“特朗普政府亚太政策及走向”，《国际问题研究》2017 年第 4 期。

卢峰：“推动中美经济合作迈向新高度”，《经济日报》2017 年 7 月

20 日。

卢秀清："美国加入 TPP 的动因分析及中国的策略选择"，《理论月刊》2013 年第 11 期。

陆建人："美国加入 TPP 的动因分析"，《国际贸易问题》2011 年第 1 期。

罗振兴："特朗普政府对中美经贸关系的重构——基于经济民粹主义和经济民族主义视角的考察"，《美国研究》2019 年第 5 期。

马建英："美国对中国'一带一路'倡议的认知与反应"，《世界经济与政治》2015 年第 10 期。

马涛、许秀军："新发展格局下 RCEP 签署与东亚区域经贸合作的中国策略"，《东北亚论坛》2021 年第 3 期。

马钟成："特朗普为何会登上历史舞台——关于特朗普、美国保守主义与法西斯主义的思考"，《世界社会主义研究》2017 年第 4 期。

牛新春："奥巴马外交：一个新自由主义的时代?"，《现代国际关系》2009 年第 5 期。

潘晓明："TPP 高标准国际贸易规则对中国的挑战及应对策略"，《国际展望》2015 年第 5 期。

彭春艳、郭韬杰、徐进："美国的自由主义与保守主义"，《解放军外国语学院学报》1999 年第 4 期。

曲凤杰、朱梦曳、牛桐："美国加入 TPP 的动因、挑战和影响：从美国视角分析"，《国际贸易》2012 年第 9 期。

撒莉、吕新元："美国退出 TPP 对全球经济的影响及中国的应对策略"，《中国物价》2017 年第 9 期。

盛斌："美国视角下的亚太区域一体化新战略与中国的对策选择——透视'泛太平洋战略经济伙伴关系协议'的发展"，《南开学报（哲学社会科学版）》2010 年第 4 期。

沈铭辉："应对意大利面条碗效应——兼论东盟在东亚合作中的作用"，《亚太经济》2011 年第 2 期。

沈铭辉："构建包容性国际经济治理体系——从 TPP 到'一带一

路’”，《东北亚论坛》2016 年第 2 期。

沈铭辉、郭明英：“大变局下的《区域全面经济伙伴关系协定》：特征、影响与机遇”，《当代世界》2021 年第 1 期。

司文、陈璐：“APEC 发展历程、前景与挑战”，《国际研究参考》2014 年第 11 期。

宋瑞琛：“美国对‘一带一路’倡议的认知及中国的策略选择——基于对美国布鲁金斯学会和外交关系委员会学者观点的分析”，《国际展望》2017 年第 6 期。

宋国友：“TPP：地缘影响、中美博弈及中国选择”，《东北亚论坛》2016 年第 2 期。

宋国友、张渝国：“特朗普政府经济政策回顾及其制度影响”，《当代世界》2020 年第 12 期。

孙天昊、盛斌：“墙还是梯子？——美国在全球化进程中的价值冲突与特朗普政府的选择”，《美国研究》2019 年第 4 期。

孙秀娟、吴一鸣：“CPTPP 的规则、影响及中国对策：基于和 TPP 对比的分析”，《法治与社会》2020 年第 7 期（上）。

王缉思：“‘西进’：中国地缘战略的再平衡”，《环球时报》2012 年 10 月 17 日。

王晓德：“美国早期历史上的经济民族主义及其影响”，《南开学报（哲学社会科学版）》2006 年第 1 期。

王玉主、蒋芳菲：“特朗普政府的经济单边主义及其影响”，《国际问题研究》2019 年第 4 期。

王应贵、江齐明：“拜登政府的经济政策与中美经贸关系展望”，《亚太经济》2021 年第 2 期。

吴心伯：“新常态下中美关系发展的特征与趋势”，《国际问题研究》2016 年第 2 期。

吴涧生：“TPP 与‘一带一路’的比较与启示”，《中国发展观察》2016 年第 13 期。

吴其胜：“特朗普贸易新政：理念、议程与制约因素”，《国际问题研究》2018 年第 1 期。

肖炼："'一带一路'与'中美经济博弈'"，《太平洋学报》2017 年第 2 期。

邢瑞利："特朗普政府的退出主义外交探析"，《和平与发展》2019 年第 4 期。

薛力："美国再平衡战略与中国'一带一路'"，《世界经济与政治》2016 年第 5 期。

薛荣久、杨凤鸣："跨太平洋伙伴关系协定的特点、困境与结局"，《国际贸易》2013 年第 5 期。

阎德学、张雪岩："特朗普政府亚太地区联盟政策调整：动因、困境及前景"，《当代世界与社会主义》2020 年第 5 期。

杨励、张钰莹："跨太平洋伙伴关系协定（TPP）的发展对中国的影响及其对策分析"，《经济研究导刊》2015 年第 2 期。

尹继武："认知心理学在估计关系研究中的应用：进步及其问题"，《外交评论》2006 年第 4 期。

袁鹏："中国新一轮改革与中美'新型大国关系'"，《现代国际关系》2014 年第 11 期。

于海春、雷达："新地区主义与美国的对外贸易政策协调"，《国际经济评论》2014 年第 4 期。

余淼杰、蒋海威："从 RCEP 到 CPTPP：差异、挑战及对策"，《国际经济评论》2021 年第 2 期。

周方银："中国崛起、东亚格局变迁与东亚秩序的发展方向"，《当代亚太》2012 年第 5 期。

赵明昊："'一带一路'与中美竞合关系的塑造"，《复旦学报（社会科学版）》2017 年第 6 期。

张慧智、汪君瑶："双循环新发展格局下中国加入 CPTPP 的政治经济思考"，《东北亚论坛》2021 年第 3 期。

张弛："竞争性地区主义与亚洲合作的现状及未来"，《东北亚论坛》2021 年第 2 期。

张红菊：“美国亚太战略下亚太区域经济一体化发展”，《人民论坛》2020 年 12 月下。

张田园：“美国退出 TPP 对亚太经济合作与一体化的影响”，《国际研究参考》2017 年第 6 期。

张司晨：“新形势下 CPTPP 的影响、前景以及中国的选择”，《东北亚经济研究》2021 年第 2 期。

张玉国：“特朗普政权与美国亚太再平衡战略”，《东北亚论坛》2017 年第 2 期。

张宇：“CPTPP 的成效、前景与中国的对策”，《国际贸易》2020 年第 5 期。

赵嵘：“东亚区域合作的 10 +3 机制”，《武汉大学学报（哲学社会科学版）》2005 年第 3 期。

朱峰等：“拜登政府执政后的重大国际问题笔谈”，《国际展望》2021 年第 2 期。

左希迎：“特朗普政府亚太安全战略的调整”，《世界经济与政治》2017 年第 5 期。

（四）中文网络文献

吉迪恩·拉赫曼：“美日无法用 TPP 遏制中国”，http：//www.ftchinese.com/story/001062105。（上网时间：2017 年 12 月 30 日）

李景、昝春燕：“TPP 变数”，http：//finance.ifeng.com/roll/20101029/2793074.shtml。（上网时间：2017 年 12 月 30 日）

吴正龙：“特朗普的美国优先，对世界政治有何影响”，http：//opinion.huanqiu.com/opinion_world/2017 -08/11063809.html。（上网时间：2018 年 3 月 15 日）

日本共同社报道：“TPP 协议遭美国两党候选人反对 生效之路充满荆棘”，http：//world.huanqiu.com/exclusive/2016 -07/9224904.html。（上网时间：2018 年 3 月 15 日）

“特朗普发推：双边协议比 TPP 更好 看 WTO 怎么对美国就知道

了”，http：//finance. ifeng. com/a/20180418/16125308_0. shtml。（上网时间：2018 年 4 月 20 日）

“美国 2016 年贸易逆差达到四年来最高水平”，http：//www. mofcom. gov. cn/article/i/jyjl/l/201702/20170202513478. shtml。（上网时间：2017 年 11 月 20 日）

“美国 2017 年贸易逆差创 9 年来新高”，http：//www. xinhuanet. com/2018 -02/07/c_1122381704. htm。（上网时间：2017 年 11 月 20 日）

驻比利时卢森堡经商参处：“中美角色转换，谁是全球主义领军者?”，http：//www. mofcom. gov. cn/article/i/jyjl/m/201702/20170202513363. shtml。（上网时间：2017 年 12 月 5 日）

“特朗普创造美国史上最强经济复苏？埋下重大隐患”，http：//www. chinanews. com/gj/2018/01 -18/8427429. shtml。（上网时间：2017 年 12 月 5 日）

“澳大利亚总理：不能因美国退出而放弃 TPP，可邀中国加入”，http：//world. huanqiu. com/hot/2017 -01/10017093. html。（上网时间：2017 年 12 月 15 日）

驻比利时卢森堡经商参处：“美国退出导致 TPP 树倒猢狲散，中国能否主导发展值得期待”，http：//www. mofcom. gov. cn/article/i/jyjl/m/201612/20161202066832. shtml。（上网时间：2017 年 12 月 15 日）

王淑娟：“未来亚太经贸格局或面临重构”，http：//www. cssn. cn/gd/gd_rwdb/gd_gdxc_1712/201612/t20161216_3349218. shtml。（上网时间：2017 年 12 月 15 日）

周小明：“CPTPP 究竟能走多远”，http：//app001. ftchinese. com/story/001076684。（上网时间：2018 年 3 月 20 日）

“特朗普达沃斯特别讲话发言实录（全文）”，http：//finance. ifeng. com/a/20180126/15951160_0. shtml。（上网时间：2017 年 12 月 20 日）

肖恩·唐南、迪米：“特朗普：未来美国可能重返 TPP”，http：//www. ftchinese. com/story/001076096。（上网时间：2017 年 12 月 20 日）

吴湘宁："TPP 搁浅是中国主导亚太一体化的机会?"，http：//www. ftchinese. com/story/001070294? full = y。（上网时间：2017 年 12 月 5 日）

"习近平在亚洲基础设施投资银行开业仪式上的致辞"，http：//news. xinhuanet. com/politics/2016 – 01/16/c_1117796389. htm。（上网时间：2018 年 3 月 22 日）

"如何理解习近平一再强调的中美新型大国关系?"，http：//cpc. people. com. cn/xuexi/n/2015/0519/c385474 – 27021248. html。（上网时间：2018 年 4 月 20 日）

（五）外文原著

Art Robert，*A Grand Strategy for America*，Ithaca，N. Y. Cornell University Press，2003.

Abhigit Das，Shailja Singh，*Trans – Pacific Partnership Agreement ：A Framework for Future Trade Rules?* Sage Publications India Pvt Ltd，2018.

Amitendu Palit，*The Trans Pacific Partnership*，*China and India ：Economic and Political Implications*，Taylor & Francis Ltd，2014.

Aghavni Harutyunyan，*Chinese One Belt*，*One Road Initiative*：*Challenges and Opportunities*，LAP Lambert Academic Publishing，2017.

Biwu Zhang，Richard Herrmann，*Chinese Perceptions of the U. S.：An Exploration of China's Foreign Policy Motivations*，Lexington Books，2013.

C. Fred Bergsten，Charles Freeman，Nicholas R. Lardy and Derek J. Mitchell，*China's Rise*：*Challenges and Opportunities*，Peterson Institute for International Economics，2009.

Cathleen Cimino – Isaacs and Jeffrey J. Schott，*Trans – Pacific Partnership*：*An Assessment*，Peterson Institute for International Economics，2016.

C. Fred Bergsten，Gary Clyde Hufbauer，and Sean Miner，Assistend by Tyler Moran，*Bridging the Pacific*：*Toward Free Trade And Investment Between China And The United States*，Peterson Institute for International

Economics, 2016.

Carola McGiffert, *Smart Power in U. S. – China Relations : A Report of the CSIS Commission on China*, Centre for Strategic & International Studies, U. S, 2009.

Congressional Research Service, *The Trans – Pacific Partnership (TPP) Negotiations and Issues for Congress*, Createspace Independent Publishing Platform, 2015.

Derek E. Pierce, *Trans – Pacific Partnership : Key Provisions & Strategic Implications*, Nova Science Publishers Inc, 2016.

Daniel J. Norman, *China's Strategic Ambitions and U. S. Strategy*, Biblio Scholar, 2012.

David B. H. Denoon, *China, The United States, and the Future of Central Asia*, New York University Press, 2015.

Ezra F. Vogel, *Living with China: U. S. – China Relations in the Twenty – First Century* , W. W. Norton & Company, 1997.

Jeffrey J. Schott, Barbara Kotschwar and Julia Muir, *Understanding the Trans – Pacific Partnership*, Peterson Institute for International Economics, 2013.

Peter, A. Michael G. Plummer, and Fan Zhai, *The Trans – Pacific Partnership and Asia – Pacific Integration: A Quantitative Assessment*, Peterson Institute for International Economics, 2012.

Nicholas R. Lardy, *Sustaining China's Economic Growth after the Global Financial Crisis*, Peterson Institute for International Economics, 2012.

Nivedita Das Kundu, *China's One Belt One Road: Initiative, Challenges and Prospects*, VIJ Bookes (India) Pty Ltd, 2017.

Office of the United States Trade Representative, *The President's* 2017 *Trade Policy Agenda*, March 2017.

Peter C. Y. Chow, *The Trans – Pacific Partnership and the Path to Free Trade in the Asia – Pacific*, Edward Elgar Publishing Ltd, 2016.

Richard Baldwin, Patirck Low, *Multilateralizing Regionalism: Challen-*

ges for the Global Trading System, Cambridge University Press, 2012.

Robert G. Sutter, *The United States and Asia: Regional Dynamics and Twenty – First – Century Relations*, Rowman & Littlefield Publishers, 2015.

Tai – wei Lim, Katherine Hui – Yi Tseng, Wen Xin Lim, *China's One Belt One Road Initiative*, Imperial College Press, 2016.

United States Congress House Committee, *U. S. – China Relations : Next Steps: Joint Hearing Before the Subcommittees on International Economic Policy and Trade and Asia and the Pacific of the Committee on International Relations, House of Representatives, One Hundred Fourth Congress, Second Sessi*, Palala Press, 2015.

［日］浦田秀次郎：《世界と日本にとつてのTPP》，日本经济新闻出版社 2013 年版。

（六）外文期刊（网站）论文

Ann Capling, John Ravenhill, "Multilateralising regionalism: what role for the Trans – Pacific Partnership Agreemnt?", *The Pacific Review*, Vol. 24, No. 5, May 2011.

Ashley J. Tellis, "Balancing without Containment: A U. S. Strategy for Confronting China's Rise", *The Washington Quarterly*, Vol. 36, No. 4, 2013.

Art Swift, "In US, Record – high 72% See Foreign Trade as Opportunity", *Gallup*, February 16, 2017.

Ashley Parker et al. , " 'I Was All Set to Terminate': Inside Trump's Sudden Shift on NAFTA", *The Washington Post*, April 27, 2017.

Banyan, "Can TPP Go Ahead Without America?", *The Economist*, May 4, 2017.

Colin Grabow, "Responsible Stakeholders: Why the United States Should Welcome China's Economic Leadership", *Policy Analysis*, No. 821, October 3, 2017.

Catherine Boudreau, "The Trade War Comes to the Prairie: What's

Good for Manufacturers Could Be a Big Problem for Farmers", *Politico*, February 13, 2017.

Evelyn S. Devadason, "The Trans - Pacific Partnership (TPP): the Chinese perspective", *Journal of Contemporary China*, Vol. 23, No. 8, 2014.

Gregory T. Chin, "Asian Infrastructure Investment Bank; Governance Innovation and Prospects", *Global Governance*, Vol. 22, No. 1, 2016.

Hillary Clinton, "America's Pacific Century", *Foreign Policy*, November 11, 2011.

Jenny Leonard, "U. S. NAFTA Sunset Proposal Ties Termination to Trade Deficit, Sources Say", *Inside US Trade*, Vol. 35, Issue 39, September 29, 2017.

Jenny Leonard and Jack Caporal, "Navarro Outlines Trade Priorities to Finance, Ways and Means Lawmakers", *Inside US Trade*, Vol. 35, No. 7, February 17, 2017.

Julia Muir and Jeffrey J. Schott, "Prospects for Services Trade Negotiations", *PIIE Working Paper*, 2012.

Jacob Stokes, "China's Road Rules: Beijing Looks West Toward Eurasian Integration," *Foreign Affairs*, April 19, 2015.

Jacob M. Schlesinger, "Public Support for Free Trade Climbs", *The Wall Street Journal*, Eastern Edition, February 27, 2017.

Martin Wolf, "The Folly of Donald Trump's Bilateralism in Global Trade", *Financial Times*, March 14, 2017.

Noah Feldman, "Trump is Realizing Trade and Security Mix with China", The Seattle Times, April 14, 2017.

Peter A. Petri and Michael G. Plummer, "The Economic Effects of the Trans - Pacific Partnership: New Estimates", PIIE Working Paper, 2016.

Peter A. Petri, Michael G. Plummer, Shujiro Urata and Fan Zhai, "Going It Alone in the Asia - Pacific: Regional Trade Agreements Without the United States", PIIE Working Paper, 2017.

Philip Stephens, "U. S. politics is closing the door on free trade", Financial Times, April 7, 2016.

Rober J. Barro, "How to Engineer a Trump Boom", *The Wall Street Journal*, Eastern Edition, March 28, 2017.

Robert Z. Lawrence and Tyler Moran, "Adjustment and Income Distribution Impacts of the Trans – Pacific Partnership", PIIE Working Paper, 2016.

Richard Javad Heydarian, "This is how a superpower commits suicide", The Washington Post, Nov, 13, 2017.

Stephen Roach, "Trump Is Suffering from Trade Deficit Disorder", *Financial Times*, March 8, 2017.

Shawn Donnan, "Farm Belt Fears a Trump Trade War", *Financial Times*, April 17, 2017.

Peter Navarro, "Why the White House Worries About Trade Deficits", *The Wall Street Journal*, Eastern Edition, March6, 2017.

Wilbur Ross, "Trump Campaign Benefits from Criticism of Trade Imbalances", Finanicial Times, August 29, 2016.

Zachary Karabell, "China rise didn't have to mean America's fall. Then came Trump", *The Washington Post*, Nov. 15, 2017.

Joshua P. Meltzer, "The Significance of the Trans – Pacific Partnership for the United States", https://www.brookings.edu/testimonies/the-significance-of-the-trans-pacific-partnership-for-the-united-states/.（上网时间：2017 年 12 月 20 日）

Jeffrey J. Schott, C. Fred Bergsten, "Submission to the USTR in Support of a Trans – Pacific Partnership Agreement", Paper submitted to the United States Trade Representative on the Trans – Pacific Partnership Agreement, https://piie.com/commentary/speeches-papers/submission-ustr-support-trans-pacific-partnership-agreement.（上网时间：2017 年 12 月 20

日）

Gary Clyde Hufbauer, Gathleen Cimino - Isaacs, “What You Need to Know About the Trans - Pacific Partnership”, Op - ed published by the PBS NewsHour, https://piie.com/commentary/op - eds/what - you - need - know - about - trans - pacific - partnership.（上网时间：2017 年 12 月 21 日）

William Krist, “Why We Need the Trans - Pacific Partnership and How to Get It Right”, https://www.fpri.org/article/2015/05/why - we - need - the - trans - pacific - partnership - and - how - to - get - it - right/.（上网时间：2017 年 12 月 22 日）

Joshua P. Meltzer, “From the Trans - Pacific Partnership to a Free Trade Agreement of the Asia - Pacific?”, https://www.brookings.edu/blog/future - development/2015/05/05/from - the - trans - pacific - partnership - to - a - free - trade - agreement - of - the - asia - pacific/.（上网时间：2017 年 12 月 29 日）

Alan Oxley, “The TPP: Opening the Door to a Bigger APEC Free Trade Agreement”, http://www.internationalaffairs.org.au/australianoutlook/the - tpp - opening - the - door - to - a - bigger - apec - free - trade - agreement/.（上网时间：2017 年 12 月 28 日）

Josh Bivens, “No, the TPP Won’t Be Good for the Middle Class”, http://www.epi.org/blog/no - the - tpp - wont - be - good - for - the - middle - class/.（上网时间：2017 年 12 月 25 日）

Peter Navarro, “TPP Accord to Be Decided by Trump’s Administration”, http://www.therakyatpost.com/world/2016/11/10/tpp - accord - to - be - decided - by - trumps - administration/.（上网时间：2017 年 12 月 26 日）

Peter Petri, Michael Plummer, “Economics of the Trans - Pacific Partnership: Distributional impact”, https://piie.com/commentary/op - eds/economics - trans - pacific - partnership - distributional - impact。

Mireya Solis, "The Geopolitical Importance of the Trans – Pacific Partnership: At Stake, a Liberal Economic Order", https://www.brookings.edu/blog/order – from – chaos/2015/03/13/the – geopolitical – importance – of – the – trans – pacific – partnership – at – stake – a – liberal – economic – order/.（上网时间：2017 年 12 月 26 日）

Jeffrey J. Schott, "TPP Redux: Why the United States Is the Biggest Loser", PIIE, January 23, 2018, https://piie.com/blogs/trade – investment – policy – watch/tpp – redux – why – united – states – biggest – loser.（上网时间：2017 年 12 月 26 日）

"World Economic and Financial Surveys: World Economic Outlook Database", http; //www.imf.org/external/pubs/ft/weo/2009/10/weodata/index.aspx.（上网时间：2017 年 9 月 30 日）

Mehraj Uddin Gojree, "US – China Strategic Cooperation Or Strategic Competition: An Overview", Dec. 10, 2015, Eurasia Review, http://www.eurasiareview.com/10122015 – us – china – strategic – cooperation – or – strategic – competition – an – overview/.（上网时间：2018 年 4 月 1 日）

Hillary Clinton, "America's Pacific Century", Foreign Policy, November 11, 2011. http://foreignpolicy.com/2011/10/11/americas – pacific – century/.（上网时间：2017 年 11 月 12 日）

The White House, *2010 National Security Strategy*, https://obamawhitehouse.archives.gov/the – press – office/2015/02/06/fact – sheet – 2015 – national – security – strategy/.（上网时间：2017 年 11 月 2 日）

Office of the United States Trade Representative: Announcement by President Barack Obama, Nov. 14, 2009. https://ustr.gov/about – us/policy – offices/press – office/fact – sheets/2009/december/tpp – statements – and – actions – date.（上网时间：2017 年 11 月 5 日）

"America's AIIB Disaster: Are There Lessons to be Learned?" March 18, 2015. http://thediplomat.com/2015/03/americasaiibdisasterarethere-lessonstobelearned.（上网时间：2017 年 11 月 13 日）

"Complete Transcript: Thomas Donilon at Asia Society New York," http://asiasociety.org/newyork/complete – transcript – thomas – donilon – asia – society – new – york.（上网时间：2017 年 11 月 15 日）

"Statement by the President on the Signing of the Trans – Pacific Partnership," February 3, 2016, https://obamawhitehouse.archives.gov/the – press – office/2015/10/05/statement – president – trans – pacific – partnership.（上网时间：2017 年 11 月 15 日）

Corinne Reichert, "TPP: With Trump out, is China in?", http://www.zdnet.com/article/tpp – with – trump – out – is – china – in/.（上网时间：2018 年 3 月 15 日）

Robert E. Scott, "Increased U. S. Trade Deficit in 2014 Warns Against Signing Trade Deal without Currency Manipulation Protections", http://www.epi.org/publication/increased – u – s – trade – deficit – in – 2014 – warns – against – signing – trade – deal – without – currency – manipulation – protections/.（上网时间：2018 年 3 月 16 日）

Josh Bivens, "No, the TPP Won't Be Good for the Middle Class", http://www.epi.org/blog/no – the – tpp – wont – be – good – for – the – middle – class/.（上网时间：2018 年 3 月 16 日）

Jeffrey J. Schott, "TPP Can Be Fixed If You Know What's Wrong with It", https://piie.com/blogs/trade – investment – policy – watch/tpp – can – be – fixed – if – you – know – whats – wrong – it.（上网时间：2018 年 3 月 15 日）

"Trump says US to quit TPP on first day in office", BBC, Nov. 22, 2016, http://www.bbc.com/news/world – us – canada – 38059623.（上网时间：2018 年 3 月 16 日）

Pedro Nicolaci da Costa, and Cathleen Cimino – Isaacs, "US Exit From WTO Would Unravel Global Trade", PIIE, July 26, 2016, https://piie.com/blogs/trade – investment – policy – watch/us – exit – wto – would – unravel – global – trade.（上网时间：2018 年 4 月 20 日）

U. S. Department of Commerce, "Statement of U. S. Secretary of Commerce Wilbur Ross on Today's Trade Enforcement Actions", April 18, 2017, https://www. commerce. gov/news/press – releases/2017/04/statement – us – secretary – commerce – wilbur – ross – todays – trade – enforcement.. (上网时间：2018 年 4 月 10 日)

U. S. Department of Commerce, "Department of Commerce Finds Dumping of Oil Country Tubular Goods from the Republic of Korea in Groundbreaking Ruling", April 11, 2017, https://www. commerce. gov/news/press – releases/2017/04/department – commerce – finds – dumping – oil – country – tubular – goods – republic. (上网时间：2018 年 4 月 10 日)

Wibur Ross, "Free and Fair Trade for American Workers and Business", April 13, 2017, https; //www. whitehouse. gov/blog/2017/04/13/free – and – fair – trade – american – workers – and – businesses. (上网时间：2017 年 4 月 10 日)

Charlene Barshefsky, "TPP is Dead, Now What?", China File, http://www. chinafile. com/conversation/tpp – dead – now – what. (上网时间：2017 年 12 月 5 日)

Richard Wike, Bruce Stokes, Jacob Poushter, and Janell Fetterolf, "U. S. Image Suffers as Publics Around World Question Trump's Leadership", Pew Research Center, June 26, 2017, http://www. pewglobal. org/2017/06/26/u – s – image – suffers – as – publics – around – world – question – trumps – leadership/. (上网时间：2017 年 12 月 8 日)

Jeffrey J. Schott, "TPP Could Go Forward without the United States", https://piie. com/blogs/trade – investment – policy – watch/tpp – could – go – forward – without – united – states. (上网时间：2017 年 12 月 13 日)

Aurelia George Mulgan, "Japan's Rush to Conclude TPP – 11", *The Diplomat*, https://thediplomat. com/2017/11/japans – rush – to – conclude – tpp – 11/. (上网时间：2017 年 12 月 15 日)

Shannon Tiezzi, "America's AIIB Disaster: Are There Lessons to be

Learned?", March 18, 2015, https://thediplomat.com/2015/03/americas-aiib-disaster-are-there-lessons-to-be-learned/.（上网时间：2018年3月20日）

ACKNOWLEDGEMENTS

致 谢

白驹过隙，时光荏苒。每每回忆起写作的日日夜夜，宛若昨日星辰，为人生的道路留下美好的瞬间，弥足珍贵。本书的研究始于 2016 年，彼时正是我博士求学期间斟酌毕业论文之际。自与研究 TPP 结缘开始，随着 TPP 的发展变化，研究内容也一变再变，写作过程时常伴随着挣扎、彷徨、无助甚至无奈，也最终山穷水尽疑无路，柳暗花明又一村。

师者，传道授业解惑也。本书的写作要特别感谢恩师赵晓春教授。恩师治学严谨、品德高尚，无论是在国际关系理论研究方面，还是在国际问题现状研究方面，都造诣颇深。恩师不仅是我学业上的导师，也是我工作中的前辈，时常鞭策我努力上进、精益求精，这些均成为我今后学习工作中的宝贵财富。本书写作期间，由于本人学识不足，再加 TPP 研究较新，时常纠结苦恼。恩师在本书的框架结构和研究重点章节上给予我耐心的指导和关键性的建议，使我受益匪浅。恩师虽然工作任务繁重，但对我不吝赐教，督促我进行多轮修改，投入了大量的精力和时间。大到谋篇布局，小到文字斟酌，恩师都倾注了大量心血。本书完稿之际，再次对恩师表达由衷的钦佩和感激。

感谢国际关系学院陶坚教授，中国现代国际关系研究院袁鹏研究员、陈向阳研究员，外交学院张历历教授，北京外国语大学李永辉教授。师恩如山，师恩似海，感谢他们在我研究过程中提出的宝贵建议，使我有勇气迎接每一次挑战，也引导我在学术道路上走得更远。

感谢国际关系学院各位前辈和同仁给予本书写作的帮助。国际政治系的达巍教授、李渤教授、王辉副教授、吴雪老师多次关心本书的写作进度，也提出了宝贵的写作建议。科研处的康艳梅处长、朴锋春副处长、张洪红老师也为我的专著出版提供了大量帮助。外语学院的张国帅老师在我的英文翻译上提供了较多指导。

感谢我的父母及家人，在我写作期间给予最大的支持和体谅，使我能够在工作、学习等多方面的压力下潜心研究。专著写作是一个孤独而又需要在孤独中涅槃的过程，路途艰辛，但意义非凡，也使我铭记没有付出就没有回报的道理。这是一次人生历练，将使我充满信心和力量，在未来的学习和工作中迎难而上。

回忆写作的五年时光，每一分每一秒既是最短暂的停留，也是最漫长的记忆。人生也是这样，困难往往最难熬，却在跨越后烟消云散。路漫漫其修远兮，吾将上下而求索。